NOTICE

SUR

GUILLAUME PROUSTEAU,

DOCTEUR RÉGENT DE L'UNIVERSITÉ

ET FONDATEUR DE LA BIBLIOTHÈQUE PUBLIQUE D'ORLÉANS,

PAR M. EUGÈNE BIMBENET,

GREFFIER EN CHEF DE LA COUR IMPÉRIALE D'ORLÉANS,
MEMBRE DE LA SOCIÉTÉ ARCHÉOLOGIQUE
DE L'ORLÉANAIS.

La science est une divinité jalouse : elle n'a qu'un autel sur lequel elle exige un sacrifice perpétuel et sans partage. Ce n'est qu'à ce prix qu'elle accorde ses grâces et ses récompenses; ceux qui veulent la connaître, l'aimer et la servir, doivent adopter une vie calme et cachée.

Ces existences laborieuses ne peuvent exciter une grande curiosité; et cependant la simplicité, la pureté des mœurs, la candeur et le désintéressement, l'oubli de soi-même poussé jusqu'à une sorte de suicide, le triomphe, par la seule puissance de la volonté de l'homme, assuré à l'intelligence sur l'autre et la plus impérieuse partie de lui-même, sont-ils destitués de poésie à ce point qu'ils ne puissent intéresser l'esprit et même le cœur?

C'est ainsi qu'en résumant dans notre pensée la vie de Pothier et celle, qui lui est si semblable, de Guillaume Prousteau, il nous a paru que le jour de la justice avait bien tardé à se lever pour ce dernier, que les hommages rendus à sa mémoire avaient été bien peu dignes des services qu'il a rendus à la science pendant sa longue et laborieuse carrière et même après sa mort, peu dignes de sa persévérance, de sa haute intelligence, de son immense charité, et que la génération séparée de lui par l'espace de plus d'un siècle, et pour laquelle il vit encore par ses bienfaits, devait réparer la négligence qu'elle est en droit de reprocher à ses contemporains.

A cette considération, bien suffisante sans doute, est venue se joindre une autre considération plus puissante encore pour nous engager à entreprendre la tâche que nous nous sommes imposée. Ce savant, cet homme bienfaisant, n'est pas seulement un reflet de la société et de l'époque au milieu desquelles il est parvenu, en partant d'une position plus que modeste, à prendre un rang honorable, il en est la personnification et la parfaite image.

A ce titre de même et, plus encore peut-être qu'au premier, il n'appartient ni à un temps ni à une cité, mais à l'histoire de la science et des mœurs.

Aussi, pour le bien connaître, importe-t-il de jeter un coup d'œil rapide sur l'état de la science et sur l'état social lui-même au moment où Guillaume Prousteau naissait à Tours dans une famille d'artisans, au cours de l'année 1628, jusqu'à l'année 1715, où il mourait à Orléans, sa ville d'adoption.

C'est bien là le siècle de Louis XIV. Plus âgé de dix ans que le grand roi, Guillaume Prousteau mourut en même temps que lui; et sa vie est renfermée dans ce cycle lumineux dont l'éclat éblouit encore le monde civilisé.

Cette grande époque comporte cependant une grande distinction entre les différentes parties dont se compose l'état intellectuel d'une société.

Si les œuvres de l'esprit et des beaux-arts se développaient avec magnificence, la science était arrivée à une sorte de décadence; en France, elle avait peu de représentants, et encore ne peuvent-ils entrer en comparaison avec les maîtres. Baluze, Montfaucon, Mabillon, Lenain de Tillemont, du Cange, Saint-Réal, Daniel, Mézeray, Bayle lui-même, Boulainvilliers et Fleury, ne peuvent compter que comme de graves autorités dans le monde érudit, et ne doivent être considérés que comme le point de transition entre le siècle précédent et celui qui se préparait. C'est, sans doute, un grand éloge que de dire de ces esprits laborieux et investigateurs qu'ils ont, par leurs travaux vraiment cyclopéens, ouvert l'âge héroïque de l'érudition [1]. Mais, quelle que soit leur gloire, ils ne peuvent être comparés à ceux qui les avaient précédés. Le temps des Érasme, des Budé, des Reuchlin, des Bacon, des Descartes, des Mélanchthon, des Luther, des Calvin et même des Théodore de Bèze, était passé; Malebranche et Leibnitz restaient seuls, et Montesquieu n'existait pas encore.

Dans l'étude du droit, il n'y avait plus d'Alciat, de Cujas ni de Dumoulin; et Pothier, si même il peut leur être comparé, n'était pas venu.

Mais si la science, dans le sens le plus élevé de ce mot, était effacée, si l'érudition avait pris sa place, l'éloquence et les lettres, jusque-là à peine soupçonnées, allaient établir leur domination en empruntant, l'une, la voix de Bossuet, de Bourdaloue et de Massillon, les autres la plume de ces grands orateurs et celle des Arnauld, de Pascal, celle un peu plus molle de Fénelon [2], celle de Corneille, de Racine, de Molière, de Boileau et de La Fontaine, et bientôt de Voltaire et de tous les satellites de cet astre entraînant dans sa course une multitude d'écrivains, ses élèves et ses heureux imitateurs.

Mais, qui ne le voit? les caractères, et, ce qui en est la conséquence immédiate, les productions de l'esprit allaient s'affaiblissant dans ce mouvement où la dialectique se substituait à la controverse, si bien qualifiée par nos anciens et nos maîtres de *disputatio,* les conséquences aux causes, et le concours du grand nombre à la direction dogmatique du petit.

Enfin les arts étalaient partout, sous l'influence d'un roi dont le mot *majesté* semble avoir été la seule devise, leur caractère rectiligne rempli d'une grandeur à laquelle on peut reprocher la monotonie et la froideur, à ce point qu'il était destiné à subir une prompte modification formant le plus singulier contraste entre deux époques cependant si rapprochées; symbole de la contrainte dans laquelle les esprits avaient vécu, comme l'était cette modification, de la liberté qu'ils allaient conquérir.

---

[1] Geruzez, *Hist. de la littérature française,* t. II, p. 327.
[2] On sait que Voltaire appelait Bossuet *l'Aigle,* et Fénelon *le Cygne.*

Il faut se borner à indiquer cette situation présente à tous les esprits, et qu'on aurait passée ici sous silence s'il n'eût été nécessaire de la rappeler et de la placer entre deux époques déjà distinctes et, cependant, encore confondues à ce point que la nuance qui les sépare est presque imperceptible.

Et en effet, remarquons que l'éclat de ce mouvement n'avait pu pénétrer encore dans les villes de province ; que si quelques-uns de ses rayons venaient à en éclairer l'obscurité et jeter quelque distraction dans la vie rhythmique et monotone de ces centres de population, ce n'était que fugitivement et de très-loin en très-loin.

Cette proposition ne souffrira aucune difficulté dans l'esprit de ceux qui se représenteront l'une des villes de cette époque, associées aujourd'hui, dans une plus ou moins grande proportion, au développement merveilleux et enchanteur d'une civilisation arrivée à son dernier terme, que Paris offre depuis longtemps déjà, et surtout aujourd'hui, au monde étonné. Comment aurait-on pu y jouir des chefs-d'œuvre de l'art dramatique, à peine naissant dans la capitale ? Dans quel lieu aurait-on pu organiser les jeux de la scène ? Quels organes les Corneille, les Racine, les Molière y auraient-ils rencontrés ?

A quelles inspirations oratoires auraient pu céder les membres du barreau, de la magistrature et du clergé, encore sous l'influence d'une scholastique subtile, pédante, ergoteuse, sans caractère et sans formes littéraires ? Quel esprit assez hardi, quand même il y aurait été entraîné par sa propre nature, pour oser braver les traditions de l'école, rompre l'étau dans lequel elle étouffait la pensée, et n'écouter que les inspirations de l'imagination et du cœur, et par conséquent créer un genre alors inconnu : celui de la véritable éloquence ?

Qui aurait pu introduire le plus léger changement au mode de construire dans des rues tortueuses, étroites, privées des rayons du soleil, et la nuit livrées à l'obscurité la plus profonde ; dans lesquelles s'amoncelaient, comme elles s'amoncellent dans les villes fortifiées, des populations vivant sans plaisirs délicats, sans jouissances extérieures, sans confort, et dont toutes les habitations, distribuées sur un modèle uniforme et stratégique, étaient

comme autant de petits donjons disposés pour la défense personnelle en l'absence de toute protection du pouvoir public?

Qui aurait pu penser à embellir ces demeures, et à recourir à
l'art de l'architecte, du sculpteur, du peintre et du décorateur,
exclusivement réservé aux temples consacrés à la religion et aux
habitations des grands du monde? Quelle fortune privée aurait
alors pu y suffire?

Tout s'opposait, dans les villes de province, à ce que le mouvement intellectuel s'étendît et vînt promptement régénérer ces populations livrées aux occupations professionnelles, absorbées dans une
multitude de pratiques et de solennités religieuses, et obéissant à
une division des heures incompatible, à elle seule, avec les dis-
tractions de l'esprit.

Que faire autre chose en un temps où l'espace, la lumière du
soleil, l'air et le temps lui-même manquaient; où la vie était
étouffée entre les murailles d'une ville étroite et entre celles d'habitations sombres, froides et humides; où le jour restait le jour, la
nuit restait la nuit, sans que ni l'un ni l'autre pussent s'emprunter
quelques instants de leur durée?

Et si, à ces obstacles opposés à l'expansion des lettres et des
arts on ajoute les préjugés qui naissent de l'empire de la coutume
et de la tradition, de l'immobilité des institutions, de la centrali-
sation de la fortune publique dans les mains d'un petit nombre de
privilégiés, du sentiment religieux s'égarant dans les voies du
schisme et de l'hérésie, on concevra que les esprits d'élite n'eussent
d'autres ressources que les fortes et persévérantes études; c'est
cette nécessité qui a préparé la lente mais radicale régénération
de l'esprit national.

Avec le temps, les travaux de l'intelligence s'étaient répandus
au delà de leurs anciennes limites; et précisément parce que cette
expansion se produisait sans unité et sans direction, elle dut al-
térer les traditions de l'enseignement et donner une autre allure
à la pensée et à son expression.

On peut attribuer cet effet à une autre cause.

Aujourd'hui que le sentiment public, dégagé de toute passion
de secte, peut se livrer à une entière impartialité, il est permis

de reconnaître les services que les jésuites ont rendus à l'émancipation de l'esprit et de la conscience, et par conséquent à l'art d'exprimer la pensée.

Les études, sous ces nouveaux maîtres, étaient, assure-t-on, peu substantielles, peu soutenues, la morale peu sévère, la pratique religieuse moins exigeante; de là bien des résultats nouveaux : la scholastique perd son empire, jusque-là tyrannique; elle tient encore son sceptre, mais d'une main débile; elle règne, mais déjà ne gouverne plus.

L'esprit, libre de toute entrave, plus légèrement chargé, va où son penchant l'appelle; et il accomplit les merveilles des xviie et xviiie siècles.

Mais ce qu'il gagne en saillie, il le perd en force, et, à mesure qu'il avance dans sa voie, la science recule dans la sienne, et notamment la science du droit.

On a dit de nos jours *Le droit s'en va;* dans ce temps il s'en allait bien autrement. Aux *épreuves probatoires* pour le double droit avaient été substituées les thèses de droit français; au nombre limité et à l'élection des docteurs régents dans les universités des provinces avaient été ajoutées l'agrégation dans un nombre arbitraire et la nomination directe du roi.

Ainsi décadence des études fortes de l'ancienne scholastique, abandon de la forme et de la routine, tout cela au profit de la liberté et de la critique absolument incomprises, et même inconnues jusque-là, dans toutes les parties des productions de l'intelligence.

Et aussi en même temps décadence des fortes études du droit au profit de l'unité de la loi et de la facilité que présente son interprétation.

Tel était, non pas encore l'état actuel et définitif, mais l'état préparé et de transition de l'esprit public, au moment de la naissance de Guillaume Prousteau.

On a dit qu'il en était la personnification et la vivante image : le récit de sa vie, toute simple et modeste qu'elle fut, sera la justification de cette proposition, et semble, à ce point de vue seul, et indépendamment du respect que cette vie et l'acte qui l'a couronnée doivent inspirer à tous les amis de la science et des lettres, n'être pas indigne de leur être offert.

Nous verrons notre savant partir d'un point très-inférieur et s'élever dans l'ordre social par la science, la vertu, la dignité personnelle et la fortune. Et en effet, dès cette époque, on commençait à pouvoir grandir par ces moyens, impuissants dans les temps antérieurs les plus rapprochés.

Nous le verrons tout à la fois actif et sédentaire, laborieux et répandu dans une société choisie; et en effet à cette époque commençait à se manifester cette union du travail scientifique et de l'esprit de conversation par laquelle la France se distingue avec tant d'avantage des autres nations.

Nous le verrons cultivant la science, les lettres et les arts; et en effet, à cette époque, cette alliance dans les hautes régions de l'intelligence, pour peu qu'on fût favorisé des dons de la fortune, commençait à se former et à répandre un charme inconnu sur tous les instants de la vie.

Nous le verrons soumis aux dogmes de la religion chrétienne, mais ne poussant pas la soumission jusqu'à l'abandon du droit de libre examen; et en effet la réforme avait jeté dans les esprits, même les plus effrayés de son entreprise et de son succès, un sentiment d'indépendance qui devait amener une transaction, manifestée bientôt par l'adoption d'un système mixte appelé *jansénisme*.

Nous le verrons ferme jusqu'à la rigueur, rempli des préjugés de son époque et prêt à tout leur sacrifier, même les affections de la famille, et cependant s'abandonnant à une certaine gaieté et, sans réserve, à la bienfaisance et à la charité; et en effet, à cette époque, le sentiment de la hiérarchie sociale exerçait sur les esprits les mieux disposés à la bienveillance un empire tyrannique qui allait jusqu'à la rupture des liens du sang et à considérer la faute d'un membre de la famille ou un mariage prétendu disproportionné tout à la fois comme une tache imprimée à tous et comme une injure à chacun d'eux, pour laquelle il n'y avait pas de pardon.

En un mot, nous le verrons naître roturier et arriver à cet état mixte de la bourgeoisie qui n'est pas encore et ne sera jamais la noblesse, et cependant qui n'est déjà plus la bourgeoisie; chérissant la monotonie d'une vie laborieuse et cependant se risquant, par amour pour la science, dans de lointains voyages; religieux, mais sous la réserve de sa liberté d'examen; épris de la manie aristocratique, et cependant charitable et généreux; savant jurisconsulte et en même temps, ami des lettres, collectionneur et bibliophile passionné.

Et enfin, pour que rien ne manque à l'assimilation qu'il s'est faite de son siècle, nous le verrons s'associant, par ses travaux silencieux, et par le don fait au public d'une riche bibliothèque, au travail, tout prêt à se généraliser, de l'expansion de la science et des lettres dans toutes les classes de la société.

Naissance et famille de Guillaume Prousteau. — Son éducation. — Ses études jusqu'au jour où il devient l'un des docteurs régents de l'université d'Orléans.

Le dix-septième jour du mois de mars de l'année 1628, le curé de la paroisse de Saint-Pierre-le-Puellier, de la ville de Tours, dressait l'acte de baptême de Guillaume, fils de *sire* Noël Prousteau, maître-ouvrier en soie, et de Françoise Boyer; le parrain était Guillaume Antholas, aussi maître-ouvrier en soie; la marraine, Élizabeth Salmon.

La qualification de *sire,* donnée au père de Guillaume, ne saurait impliquer une naissance aristocratique. Écoutons Montaigne au chapitre des *vaines subtilités* : « Nous venons présentement de « nous jouer chez moi à qui pourroit trouver plus de choses qui « se teinssent par les deux bouts extresmes, comme *sire;* c'est un « tiltre qui se donne à la plus élevée personne de nostre estat, qui « est le roi, et se donne aussi au vulgaire, comme aux marchands, « et ne touche point à ceulx d'entre deux [1]. »

---

[1] On a cru que le père de Guillaume Prousteau avait été marchand fripier; mais son acte de baptême dément cette supposition. Au moment où Guillaume Prousteau vint se fixer à Orléans, il existait plusieurs chefs de famille exerçant cette profession, et on est autorisé à penser qu'il a été engagé à venir se fixer dans cette ville par le lien de parenté qui pouvait l'unir à ceux qui portaient son nom. (Voir les actes émolumentaires de la Prévôté, Archives de la préfecture.)

Cependant si l'on ne peut rattacher Guillaume Prousteau à une naissance au-dessus *du vulgaire,* on peut le considérer comme appartenant à cette partie de la société qui, tout en tenant encore aux classes du peuple, commence à entrer dans le cercle de la bourgeoisie.

L'industrie de la fabrication de la soie était alors très-florissante dans la ville de Tours, où, après une longue interruption, elle se réveille en ce moment; elle y était l'objet de l'encouragement de la part du pouvoir royal; et ceux qui l'exerçaient pouvaient jouir de quelques immunités plus importantes que celles accordées aux autres corps d'état *mécaniques,* comme on disait dans ces temps où tout se faisait à la main; mais ils ne sortaient pas pour cela de la classse du peuple; et c'est avec quelque raison que les bénédictins d'Orléans ont pu écrire qu'il appartenait à une famille de *marchands* [1].

Chalmel, dans son Histoire de Tours, dit *riches marchands,* mais cette épithète est plus que contestable. Le testament de Guillaume Prousteau nous apprend qu'il doit son éducation à l'un de ses oncles maternels, Jacques Boyer; et c'est en reconnaissance de cet immense service qu'il déclare que, s'il a fait quelque bien dans le cours de sa vie, c'est à lui, après Dieu, qu'il le doit; qu'il prescrit qu'on se souvienne de cet oncle dans les prières qu'on fera pour lui-même, et que son portrait ne soit pas séparé du sien, qu'il léguait aux bénédictins, chargés d'administrer la bibliothèque dont il avait fait donation au public.

Les père et mère de Guillaume semblent donc n'avoir eu qu'une modeste aisance, fruit de leur travail quotidien et à peine suffisante pour la première éducation de leurs enfants : ils en avaient trois, deux fils, l'aîné nommé *Henri,* qui a suivi la carrière du commerce, et une fille.

Telle a été l'origine de celui dont nous retraçons la vie, nous verrons plus tard quelle a été celle de sa fortune, voyons quelle a été son éducation jusqu'au jour où il est venu étudier le droit à l'université d'Orléans.

---

[1] Voir la note précédente.

Ses ouvrages, ses pratiques religieuses, auxquelles il fut toujours fidèle; l'adoption, elle-même, des principes du jansénisme, nous sont un témoignage certain que les premières impressions qu'il reçut furent celles du christianisme; elles furent fécondées par les études qu'il fit d'abord chez les jésuites de la ville de Tours, et ensuite chez ceux de la ville de la Flèche.

Ces études furent suivies avec un succès tel que son oncle, Jacques Boyer, qui habitait Paris, sans doute pour achever et perfectionner ce qui avait été si heureusement commencé, l'appela auprès de lui et le plaça au collége de Clermont, où il redoubla sa philosophie [1].

Les éloges qui ont été donnés à ces travaux de la jeunesse ne peuvent être l'objet d'aucun reproche d'exagération. Guillaume Prousteau a écrit en latin et avec une remarquable élégance, son cours de droit, suivant d'ailleurs, en cela, l'usage adopté dans toutes les universités de ce temps, et plusieurs ouvrages et opuscules.

Il faut croire qu'à sa sortie du collége il ne se livra à aucun des plaisirs bruyants de son âge, car nous le trouvons aussitôt après au nombre des écoliers groupés autour de la chaire des docteurs régents de l'université d'Orléans.

Il s'attacha, dès ce moment et de préférence, à l'étude du droit romain; c'est du moins ce qu'affirment les bénédictins dans sa Biographie, qu'ils ont placée en tête du catalogue des livres composant la bibliothèque qu'il leur donna à garder. Nous le croyons sans peine, car on n'enseignait alors, dans cette université, que le droit romain et le droit canon, unis l'un à l'autre par un lien de parenté fortement serré.

On pourrait penser de cette préférence, si elle avait pu être manifestée, que déjà le pouvoir royal avait introduit, dans ces

---

[1] Ce collége est devenu le collége Louis-le-Grand. Prousteau dit, dans une lettre écrite au père Oudin, qu'il était pensionnaire de Clermont en 1649, durant et après le blocus de la ville de Paris (c'est-à-dire qu'il assista aux guerres de la Fronde), et qu'il était l'un des pensionnaires dont le père Petau, savant jésuite orléanais, avait la conduite. (Voir Moréri, IIe volume du supplément, et les Mémoires du père Niceron, qui contiennent cette lettre.)

centres d'enseignement, une chaire de droit français dont l'étude aurait été assimilée à celle du droit romain et du droit canon; mais cette révolution n'a été accomplie que quelques années après.

Ce grave et studieux écolier, dont toute la jeunesse avait été exclusivement consacrée à l'étude du droit, ne visait pas encore à une chaire de docteur régent; il semble avoir voulu s'en tenir à la licence, et même avoir redouté de tenter les épreuves du doctorat.

On ne se pressait pas, la jeunesse se prolongeait alors, et l'on ne voyait pas d'avocats imberbes s'élancer des bancs de l'école sur les bancs du barreau sans autre bagage qu'un brevet de licencié et quelques principes de droit se jouant à la surface de la mémoire et toujours prêts à la fuir; Guillaume, licencié à vingt-quatre ans, voulut se fortifier et, obéissant peut-être à un mouvement instinctif et à une impérieuse intuition qui lui montrait dans l'avenir une chaire de docteur régent, il se rendit à l'université de Poitiers, où il étudia, pendant trois ans, ainsi que nous l'avons dit.

C'était alors un usage universellement adopté dans les pays où l'étude du droit était cultivée comme en Italie, en Allemagne, en Espagne et en France, et même en Angleterre et en Écosse, de parcourir toutes les universités célèbres, de s'y faire inscrire et de suivre leurs cours, au moins pendant quelque temps [1].

Au surplus cet usage, emprunté aux premiers temps de l'établissement des écoles cathédrales, théâtres de controverses quelquefois ardentes sur des questions dogmatiques ou de discipline religieuse, et dans la suite observé seulement par les hommes véritablement animés du pur amour de la science, dégénéra en une sorte de voyage de bon ton, et perdit son caractère sérieux et son utilité.

Pour Guillaume Prousteau, cet acte était accompli consciencieusement, et nous le verrons diriger plus loin ses pas, dans un temps où le désir d'apprendre et d'ajouter à ses connaissances acquises était certainement son seul mobile.

Revenu de Poitiers à l'âge de vingt-sept ans, il crut enfin pou-

---

[1] Cet usage est encore aujourd'hui pratiqué dans la savante Allemagne.

voir tenter d'obtenir le grade de docteur; il passa sa thèse, ou, comme on disait alors, ses épreuves probatoires avec un tel succès que ses examinateurs l'invitèrent à entrer en concours à la première vacance d'une chaire de docteur régent.

Il ne céda pas d'abord; il s'essaya au barreau, et prêta serment en 1656, c'est-à-dire à l'âge de vingt-huit ans; mais cet esprit sévère, didactique et dogmatique, si nous le jugeons par le caractère de ses écrits et même par les actes de sa vie privée, manquait de la souplesse nécessaire au succès de l'avocat. Il ne suffit pas, dans l'exercice de cette profession, de posséder la science du droit, il faut encore avoir l'intelligence des affaires, la riposte leste et une grande facilité d'élocution; Guillaume Prousteau n'avait que la première de ces qualités.

C'est pour cela, sans doute, qu'il se rendit au conseil qui lui avait été donné; mais, se défiant encore de lui-même, il alla chercher au loin une expérience que ses observations concentrées sur l'enseignement d'Orléans et de Poitiers n'avaient pas, suivant lui, suffisamment développée : il alla visiter les universités de la Hollande, de l'Allemagne, de l'Italie et de l'Espagne[1]. Il se lia avec les

---

[1] Les bénédictins d'Orléans disent dans leur biographie que « si Guillaume « Prousteau n'avait fait qu'enseigner, sa réputation aurait été circonscrite dans le « *cercle étroit* des écoles d'Orléans. »

Cette appréciation de l'importance de l'école d'Orléans n'est pas juste; l'université de cette ville avait joui dans les temps anciens d'une grande réputation, et la science de ses docteurs lui avait valu l'honneur d'être placée au nombre des *universités fameuses* de la monarchie.

Vingt et une universités distribuaient la science du droit en France; douze avaient obtenu le titre de *fameuses,* savoir : celles de Paris, Reims, Orléans, Bourges, Angers, Poitiers, Toulouse, Montpellier, Caen, Dijon, Bordeaux et Valence.

Les autres ne jouissaient pas de cette qualification, savoir : celles de Douai, Pont-à-Mousson, Strasbourg, Besançon, Orange, Aix, Perpignan, Nantes et Avignon. (Voir à ce sujet les *Lois ecclésiastiques* de de Héricourt, au chap. VIII, intitulé *Des gradués.*)

L'école d'Orléans a certainement eu ses jours de découragement et de défaillance, mais l'université où enseignèrent Jean Robert, Davezan, Prousteau, Prevost de la Jannès et Pothier, qui compta parmi ses élèves les hommes les plus illustres, et sut attirer pendant des siècles une grande quantité d'écoliers venus

savants les plus considérables de ces pays, alors si éloignés de la ville qu'il habitait que l'imagination s'étonne de l'exécution d'un pareil voyage entrepris dans un but exclusif de perfectionnement scientifique; il consacra deux années à ce laborieux pèlerinage.

C'est ainsi que nous arrivons avec lui à l'année 1662, c'est-à-dire à la trente-quatrième de son âge.

C'est ici le lieu de remarquer l'attachement de Guillaume Prousteau pour l'université où il avait étudié; elle n'appartenait pas à sa ville natale, il aurait pu chercher et trouver une chaire dans un tout autre centre d'enseignement; mais, comme on l'a dit[1], il *s'était identifié* avec l'institution au sein de laquelle s'était passée sa jeunesse, et rien ne pouvait plus séparer l'écolier du maître, le citoyen adopté de la ville d'adoption; et c'est pour cela qu'il attendit encore plusieurs années avant qu'il pût entrer en concours.

Ce ne fut qu'en l'année 1667 qu'une chaire devint vacante; Guillaume Prousteau avait alors quarante ans.

L'histoire de son élection nous offre un des aspects des mœurs universitaires qu'il ne nous est pas permis de passer sous silence: les épreuves avaient lieu avec une grande solennité, en présence des membres de la magistrature, du maire et des échevins, et des plus hauts dignitaires du clergé, qui, tous réunis aux docteurs régents, donnaient leur suffrage et souvent le motivaient dans de longs discours.

Une circonstance singulière marqua cette élection. Si un arrêt rendu par le parlement en l'année 1626 eût été exécuté, les docteurs régents de l'université d'Orléans auraient dû être au nombre de six; mais, réduits à quatre, ils avaient, dans un intérêt facile à comprendre et, il faut le dire, d'un ordre peu honorable, résisté à cet arrêt et s'étaient maintenus à ce nombre; la mort de l'un d'eux le réduisait à trois.

Cependant le concours est ouvert, et au moment où se poursuivent les nombreux examens auxquels les compétiteurs étaient

---

de l'Allemagne et de l'Ecosse, ne peut être rangée parmi celles dont on peut dire que le *cercle* de leur enseignement était *étroit*.

[1] Biographie des bénédictins d'Orléans.

soumis, l'un des trois docteurs vint à mourir; enfin l'un des deux survivants, en possession de la fonction de recteur, qui se renouvelait chaque année, était arrivé à l'expiration de son rectorat; il fallut que le seul de ses collègues composant avec lui le collége universitaire fût investi de cette dignité et installé suivant les usages observés en pareil cas. Ce n'est pas tout encore: les compétiteurs étaient au nombre de cinq, et on ne faisait grâce à aucun des nombreuses et interminables séances consacrées au développement des thèses et des *disputes* que chacun d'eux devait soutenir. Tout ceci explique, ce qui de nos jours semble inexplicable, comment un concours, commencé le 17 avril 1667, ne fut terminé que le 23 mai 1668.

Sur les cinq compétiteurs, deux seulement furent élus; ce furent Guillaume Prousteau et un docteur du nom de *Leberche*.

On conçoit le désappointement des trois autres, et comment l'un deux, sans doute dans l'intérêt de tous, a attaqué cette élection.

Les attaques de cette nature se produisaient par voie d'appel au parlement; mais ces procédures se suivaient avec une extrême lenteur. L'arrêt ne fut rendu que deux ans après.

Les griefs contre l'élection portaient sur deux points : en premier lieu, on prétendait que celle de Guillaume Prousteau était le résultat d'un concert peu loyal; en second lieu, qu'en vertu de l'arrêt de l'année 1626 ce n'étaient pas seulement deux docteurs qui devaient être élus, mais quatre, afin d'atteindre le nombre six, déterminé par cet arrêt.

L'attaque fut assez violente, surtout en ce qui concernait Guillaume Prousteau. Le mérite excite toujours la jalousie, et nos pères avaient le langage un peu rude; ils ménageaient peu leurs expressions, et dans ces querelles d'amour-propre l'exagération jouait un rôle nécessaire; cependant le réquisitoire de l'avocat général Omer Talon autorise à penser que cette élection de Guillaume Prousteau ne fut pas absolument pure de toute partialité de la part des juges du combat; mais en même temps il atteste que cette partialité était justifiée par le mérite de celui qui en était l'objet. « L'élection, « a-t-il dit, n'a pas été fort canonique, et quelques officiers assu-

« rent qu'elle n'est pas exempte de brigue ; mais tout cela n'est pas
« suffisant pour rétracter le choix des docteurs, particulièrement
« si l'on considère que Leberche et Prousteau ont toutes les qualités
« nécessaires pour remplir leurs places et qu'ils sont en possession
« depuis deux ans [1]. »

Nous aurions mieux aimé rencontrer des paroles plus sympa-
thiques et qui affranchissent de tout soupçon, même d'irrégularité,
un des actes importants d'une vie qui semble avoir été, dans son
ensemble et dans toutes ses parties, si étrangère à toute espèce d'ar-
tifice et de mensonge ; aussi n'hésitons-nous pas à repousser ces
paroles de l'illustre magistrat comme la manifestation d'une erreur.

Le mot *brigue* était fort employé dans ce temps, et l'on peut dire
que cet emploi allait jusqu'à l'abus. Ce que l'avocat général dit ne
ressort d'aucun acte représenté, et résulte seulement de ce qu'*as-
suraient quelques officiers ;* mais ces témoignages peuvent être sus-
pects ; et lorsque deux partis sont en présence (et il est difficile
qu'il n'y en ait pas au moins deux dans l'enceinte d'une institution
de la nature de celles des universités), on ne peut guère s'en rapporter à ce que l'un dit de l'autre. D'ailleurs il n'est presque pas
d'exemple qu'un concours ait été exempt de ces sortes de querelles
et de reproches de la part des candidats malheureux, et l'histoire
de l'université d'Orléans offre une justification bien frappante de
cette proposition. La nomination de Pothier à la chaire de droit
français, car il ne s'agissait plus d'élection à cette époque, a semblé
à quelques-uns n'être pas absolument irréprochable, et les plaintes
ont été telles que Pothier se crut obligé d'offrir à son doyen et à
son collègue désappointé, le respectable et savant Guyot de Grand'-
Maison, le partage des appointements et des droits universitaires
attachés à cette chaire, offre que ce dernier refusa.

Ce rapprochement entre deux existences passées dans la même
enceinte, dans les mêmes conditions, et presque contemporaines[2],

---

[1] Ce passage est extrait de la liasse de l'université d'Orléans faisant partie des
archives de la municipalité de cette ville. (Voir à ce sujet l'histoire de cette université.)

[2] On sait que Prousteau est né en 1628 ; il est mort en 1715. Pothier est né à
Orléans en 1699 et est mort en 1772.

suffit, ce nous semble, à venger la mémoire de Guillaume Prousteau du soupçon que le réquisitoire fait planer un instant sur lui.

Ainsi donc Guillaume Prousteau était digne, au jour même de
son élection, de la haute position qu'il avait recherchée ; il l'avait
achetée par assez de sacrifices et de persévérance pour qu'elle lui
fût accordée, et son mérite correspondait, et au delà, aux exigences
et aux devoirs de cette fonction.

Ce premier grief rejeté, il s'agissait de statuer sur le second, et
c'est ce que fit le parlement en maintenant son arrêt de 1626, et
en élevant à six le nombre des docteurs du collége universitaire
d'Orléans ; de sorte que tous les intérêts en présence reçurent une
entière satisfaction.

Enseignement et ouvrages de Guillaume Prousteau.

On connaît de ce savant les ouvrages suivants :
Recitatio ad legem 23, au tit. *De Regulis juris.*
Un traité intitulé : *Jus canonicum : de Sacramentis.*
Un autre intitulé : *De Mutuo.*
Un autre sur le titre : *De Verborum significatione.*
Et enfin un autre sur le titre : *De diversis juris Regulis.*
La bibliothèque publique d'Orléans possède son cours composant
dix volumes grand in-8°, d'une écriture nette et serrée, et que tout
autorise à croire être la sienne : les cinq premiers, consacrés à l'en-
seignement du droit canon et intitulés *Jus canonicum, institutiones;*
les cinq autres, divisés ainsi qu'il suit : *Paratitla (concordance des
titres) Digestorum; De Verborum significatione; De Regulis juris;* un
autre intitulé comme le premier : *Paratitla Digestorum,* et enfin,
Codex.

Tout cela compose ses œuvres; mais on n'a édité que des ex-
traits de son cours, auxquels il a donné plus d'étendue.

En outre, Guillaume Prousteau a publié par la voie de l'impression, et toujours en employant la langue latine, la biographie d'un
de ses amis, M. Grostête de Mahis, sous le titre *Epistola de obitu
domini de Mahis;* trois discours intitulés *Oratio de pœnitentia,* prononcés à l'université au commencement du carême des années
1680, 1681 et 1682, c'est-à-dire au moment où il avait atteint sa

cinquante-troisième année ; un discours intitulé *De Origine et utili-
tate legum ;* et enfin un discours intitulé *Ut ostenderet quantum huma-
niores literæ utiles et necessariæ sint antecessori*[1], c'est-à-dire dans
lequel il démontrait combien les lettres sont utiles et même nécessaires au professeur de droit ; discours prononcé à la rentrée
des cours, le 2 des calendes de l'année 1708, au moment où l'auteur atteignait l'âge de quatre-vingts ans.

Notre intention n'est certainement pas de faire connaître, même
par voie d'analyse, toutes ces œuvres ; nous bornerons notre examen
attentif à la dernière, parce que, produite à la fin de la vie de leur
auteur, elle est comme le miroir dans lequel elle se réfléchit, et
qu'elle la caractérise avec une éloquente énergie.

Nous reviendrons aussi, mais très-brièvement, sur quelques
passages de son cours du droit canon, dans lesquels il a déposé
le témoignage de ses principes en matière de foi ; et nous constaterons les marques d'approbation que le monde savant a données
à celles de ses œuvres qui appartiennent le plus spécialement à
l'enseignement et à la science du droit.

La *Recitatio ad legem* 23 du tit. *De Regulis juris* a été l'objet
d'une attention particulière à son apparition ; elle reçut les louanges
les plus vives et les plus nombreuses. Meermann la plaça dans sa
collection des livres *rares*, c'est-à-dire les plus remarquables, en
l'accompagnant d'un éloge que nous n'hésitons pas à reproduire
ici, bien que les bénédictins l'aient déjà rappelé : « Guillaume Prous-
« teau laisse bien loin derrière lui tous les auteurs qui ont jeté la
« plus vive lumière sur la même loi, tant il a montré de science et de
« sagacité dans ce traité. — Tam erudite et accurate pertractavisse,
« ut omnes qui eamdem legem 23 De Regulis juris illustrarunt
« longo post se reliquit intervallo. »

Le traité *De Mutuo* a été l'objet de la même approbation, il n'y
a que la *Biographie universelle* qui semble la lui contester ; il y est
accusé de s'être montré, dans cet ouvrage, plus philologue que jurisconsulte, reproche qui est un véritable éloge ; car à une qualité

---

[1] Un exemplaire édité de ce discours existe encore dans les archives muni-
cipales d'Orléans.

qu'on ne peut lui enlever il en ajoute une autre très-recommandable en tout temps et très-rare à cette époque.

Les traités intitulés *Jus canonicum*, *De Sacramentis*, *De Verborum significatione* et *De diversis juris Regulis*, sont restés à l'état de manuscrits et se confondent avec ses leçons. Nous n'insisterons pas ici sur cet examen, et cela avec d'autant plus de raison que le jugement porté sur celles de ses productions répandues dans le public est un sûr garant de l'orthodoxie de sa doctrine.

Nous ne serons pas aussi réservé sur les discours prononcés à l'ouverture du carême des années 1680, 1681 et 1682 [1].

Nous ferons, en premier lieu, observer que, bien à tort, les bénédictins les ont considérés comme des discours de rentrée; c'est là une erreur inexplicable, car Guillaume Prousteau nous apprend qu'il se conformait en cela à un ancien usage : « Sapienter illud « institutum fuit a majoribus nostris et inveterata jam consuetudine « receptum, quod tempus ipsum suadere videbatur, et proximo festo « paschalis apprime conveniebat, ut singulis annis, hoc ipso die et « loco, de pœnitentia sermo coram vobis haberetur. »

Cet usage semble, au premier abord, être un double emploi avec ce que l'Église fait à cette époque de l'année, et une sorte d'usurpation des devoirs du ministère ecclésiastique ; mais en y réfléchissant on conçoit qu'il put et qu'il dut en être ainsi.

Pour bien apprécier la convenance d'un discours de cette nature, il faut se rappeler l'origine toute cléricale de ces institutions fondées par les papes et revendiquées par le pouvoir royal à l'instigation des populations elles-mêmes au sein desquelles elles étaient établies et dans le sentiment de la conservation de son autorité.

Les antécesseurs ou les docteurs régents mettaient encore en doute, à la fin du XVIIe siècle, qu'ils pussent régulièrement contracter mariage; ils ne professaient pas seulement le droit civil, ils professaient le droit canon; il sentraient ainsi jusqu'à un certain point, et même pour une large part, dans l'enseignement de certains principes dogmatiques, et, en tous cas, dans celui des droits et des

---

[1] Ces discours sont contenus, ainsi que la biographie de M. Grostête de Mahis, dans un volume intitulé *Orationes et carmina*, faisant partie de la bibliothèque publique d'Orléans, sous le n° 3905.

devoirs des ministres de la religion, et pouvaient se croire inves-
tis du droit de rappeler à leurs élèves les devoirs que l'approche
de la fête de Pâques leur imposait.

Cet usage était, d'ailleurs, traditionnel ; dans le principe, les
docteurs régents étaient membres du clergé. Le scholastique, ce
chef de la hiérarchie universitaire, n'a jamais cessé, jusqu'au jour
où sa fonction, tombée en désuétude, a disparu, d'appartenir au
clergé.

En un mot, l'institution était mi-partie cléricale et séculière.

On peut donc très-bien comprendre que les discours du carême
soient entrés dans l'économie de l'instruction des docteurs régents,
et qu'un homme d'une piété aussi fervente que l'était Guillaume
Prousteau ait cru devoir suivre cette tradition, même au moment
où, après avoir été interrompue, elle allait entièrement s'effacer.

Il est bien probable, en effet, qu'avant lui ces discours n'étaient
plus prononcés depuis longtemps, et qu'ils ne le furent plus après
lui : nous n'en avons retrouvé aucune autre trace, et ce n'est que
par hasard et en nous livrant à de toutes autres recherches, que
nous avons découvert ceux qui lui appartiennent. Les bénédictins
eux-mêmes semblent ne pas les avoir bien connus, car ils les désignent très-inexactement, et surtout sans indiquer leur but et leur
véritable caractère.

Ce qui autorise à penser que ces sortes de discours étaient né-
gligés avant ceux prononcés par Guillaume Prousteau, et que les
siens ont été les derniers, ce sont ses discours eux-mêmes ; ils por-
tent le cachet de la décadence à laquelle cet usage, dont ils ne sont
qu'un souvenir, était arrivé ; ils traitent à peu près de toute autre
chose que de leur propre sujet, bien qu'ils aient pour titre : *De
Pœnitentia*.

Le style en est affecté, plein de recherche ; l'érudition dont l'auteur y fait preuve est péniblement accumulée ; au lieu d'être une
oraison, comme les bénédictins les appellent, et comme ils avaient
ce caractère dans le principe, ces discours ne sont plus qu'une
œuvre de rhéteur et d'ostentation.

Le premier de ces trois discours n'en est pas moins dédié à
Mgr Cambout de Coislin, évêque d'Orléans, abbé de Saint-Victor

de Paris, premier aumônier du roi ; le second aux vénérables doyen et chanoines de l'église d'Orléans ; le troisième à Clément Catinat, docteur de Sorbonne.

Ce coup d'œil rapide jeté sur la partie doctrinale et enseignante de Guillaume Prousteau nous permet d'arriver à l'examen approfondi du dernier discours qu'il ait prononcé alors qu'il arrivait au terme de sa carrière ; et, ainsi que nous l'avons dit, de donner une idée certaine et complète de l'étendue de son savoir, de la nature de son esprit et même de son caractère et de l'élégance de son style ; cette étude nous paraît devoir produire cet effet qu'il devient difficile de déterminer ce qui doit le plus étonner, dans cette œuvre d'un octogénaire, ou la vigueur, la grâce de son langage et la fraîcheur de sa pensée, ou la profondeur et la variété de ses connaissances.

L'auteur fait précéder le véritable sujet de ce discours d'un avant-propos, dans lequel on remarque quelques passages dignes d'être cités ; il forme une sorte de dédicace adressée aux conservateurs des priviléges de l'université, c'est-à-dire aux magistrats composant le bailliage présidial et la prévôté, et il a surtout pour but d'expliquer les motifs qui ont déterminé l'orateur à livrer son discours à l'impression. Ces motifs accusent bien, et dès l'entrée en matière, la tournure du caractère de ce dernier, sa situation à l'égard de quelques membres du corps enseignant lui-même, au sein duquel de petites, mais assez violentes passions soulevaient quelques petits, mais assez violents orages, et justifie cette proposition que son auteur y est représenté sous tous ses aspects.

Il donne l'assurance que c'est à la sollicitation de ses amis qu'il a cédé en agissant ainsi, et qu'il l'a fait sans répugnance, ayant appris que quelques zoïles et détracteurs prétendaient qu'un grand nombre de graves erreurs se trouvaient répandues dans ce discours :
« Ex quo mihi renunciatum fuit zoïlos aliquos et obtrectatores esse
« qui garriant apud suos in mea oratione multas ineptias effutiisse. »
Mais il s'empresse d'ajouter : « Je ne suis pas tellement Narcisse
« et amoureux de moi-même, que je croie ne devoir rien produire
« que de parfait ; je suis homme et ne répudie rien de ce qui touche
« à l'humanité, et je suis prêt à reconnaître les erreurs dans les-

« quelles j'aurais pu tomber et à les corriger ; car l'erreur est notre
« partage. — Non ita sum Narcissus et mei ipsius amator, ut aliquid
« unquam a me perfectum exire crediderim; homo sum et nihil
« a me quod humanum sit alienum duco (puto); paratus semper
« ad id in quo peccaverim mutare vel emendare, nam proprium
« hominis est errare. — Mais persévérer dans une erreur reconnue
« est chose diabolique, ainsi qu'Érasme le rapporte dans ses adages
« d'après Verinus. — Sed in errore cognito perseverare diabolicum,
« ut ex Verino refert Erasmus in Adagiis. »

Ici, comme on le voit, le vieux docteur réunit la fermeté et la
virilité du caractère, allant jusqu'à la lutte la plus animée, à une
assez douce modestie. Nous ne le suivrons pas dans les allusions
plus ou moins vives auxquelles il se livre contre les zoïles et les détracteurs dont, non-seulement lui, mais l'université, elle-même,
avait à repousser les attaques, et dans l'expression de tristesse que
lui suggère l'état de cette institution, menacée par ses divisions et
surtout par les édits de Louis XIV; toutes disparaissent dans le
vœu plein de bienveillance qu'il fait entendre en terminant cet
avant-propos : « Fasse le Dieu très-bon et très-puissant, dit-il, que
« l'ancienne sérénité de notre ciel nous soit rendue au plus tôt et
« que l'université respire, afin que, délivrée de toute attaque, elle
« puisse, dans la paix et dans une douce tranquillité favorable aux
« Muses, répandre les ondes salutaires de la jurisprudence, fécon-
« der les jeunes générations confiées à ses soins; et que longtemps
« encore, grâce à l'infinie bonté de Dieu, elle loue et soit louée et
« triomphe sous la protection de ses dignes conservateurs. — Faxit
« Deus optimus maximus, ut quam primum pristina reddatur cœlo
« nostro serenitas, et academia aurelianensis, a malo tandem libe-
« rata, respiret, ut traditos suæ curæ surculos salutaribus jurispru-
« dentiæ fluentis irrigare possit in otio et Musis amica tranquillitate,
« diuque per immensam Dei benignitatem conservata, laudet ac
« laudetur et triumphet, in et cum inclytis conservatoribus suis. »

Si le discours de Guillaume Prousteau a soulevé une critique
amère, il faut que rien ne puisse la désarmer, ni la vieillesse, ni
la science, ni la modestie. Il commence, en effet, prenant en considération son âge avancé, par s'effrayer de son entreprise, et il

réunit toutes ses forces pour se rassurer : « Si le grand âge, dit-il,
« mérite quelque excuse, personne plus que moi de tout notre col-
« lége n'a droit à la faveur; mais la vigueur de l'âme ne manque
« pas toujours au corps affaibli par la vieillesse, et souvent, à me-
« sure que le corps va se courbant, l'ardeur de l'âme s'élève aux
« plus hautes régions de l'intelligence. — Si meretur ætas excusatio-
« nem aliquam, nulli certe magis ex toto collegio nostro debet fa-
« vere quam mihi; sed corpore senescente, non semper deficit
« animi vigor; imo vergente deorsum conditione corporea, fervor
« spiritus in sublimiora conscendit. »

Il donne pour exemple un docteur de Bourges qui, bien qu'octogénaire, ne se faisait jamais remplacer lorsqu'il devait prononcer
le discours de rentrée ou dans une toute autre occasion officielle; il
est vrai que son éloquence paraissait avoir été mûrie par la vieillesse, et qu'il semble n'en avoir jamais existé une plus douce et
plus admirable au terme de la vie : « Similis cantioni cygnorum,
« qui vicina morte suavius aliquid canere ac modulari consue-
« verunt. »

Après ces paroles touchantes dans la bouche d'un vieillard par-
lant d'un autre vieillard, comme lui voisin de la mort, il expose
son sujet.

« Il est, dit-il, au jugement de tous, deux choses indispensables
« au docteur interprète des constitutions impériales et ecclésias-
« tiques, c'est qu'il les comprenne parfaitement, et qu'il puisse les
« exposer avec une certaine élégance; et c'est merveille de voir
« quelles ressources ces deux choses empruntent aux arts libéraux
« et aux lettres, appelées *humanités*, et comprises dans un cercle im-
« mense, c'est-à-dire, la grammaire, la rhétorique, la dialectique,
« la mathématique, la géographie, la médecine et l'histoire. »

Il faut le suivre dans la démonstration de cette proposition, en
négligeant, toutefois, ce qu'il dit de la grammaire, de la rhétorique et de la dialectique, et passer à l'astronomie, qu'il ne com-
prend pas dans son programme, mais sur laquelle il s'étend avec
une certaine complaisance.

« Qui pourrait, dit-il, s'il n'était astronome ou livré à la science de
« l'astronomie, expliquer la loi 98 au Digeste : *De Verborum signi-*

— 23 —

« *ficatione, cum bisextum;* et pourquoi, le 24 février de chaque
« période de quatre années, on intercalait un jour; intercalation
« qui a introduit le bissexte, ainsi appelé de ce qu'on ne compte
« pas seulement une fois, comme dans les autres années, le sixième
« jour des calendes de mars, mais parce que le jour ajouté et in-
« tercalé est appelé *le bissexte* de ces calendes; d'où l'année est
« appelée *bissextile.* »

Tel est le motif qui lui fait exiger du professeur de droit la
science de l'astronomie.

La loi dont il se préoccupe est conçue dans les termes suivants :

« Lorsque la naissance a lieu au jour bissexte des calendes, il im-
« porte peu qu'elle soit arrivée le premier où le second jour, le jour
« natal est toujours le six des calendes, car ces deux jours ne sont
« considérés que comme un seul, et ce n'est que le second qui est
« intercalé et non le premier; c'est pourquoi, lorsqu'il n'y a pas de
« jour intercalaire, celui qui est né le 6 des calendes a pour jour
« natal le premier jour du bissexte. — Cum bisextum[1] calendis est,
« nihil refert (utrum) priore an posteriore die quis natus sit, et
« deinceps sextum calendas ejus natalis dies est : nam id biduum
« pro uno die habetur : sed posterior dies intercalatur, non prior :
« ideo quo anno intercalatum non est, sexto calendas natus; cum
« bisextum calendis est, priorem diem natalem habet. »

Il faut en convenir, cette loi, expliquée par les glossateurs et par
la loi 3, § 3 du titre 4 du Digeste, *De Minoribus viginti quinque
annis,* ainsi conçue : « Examinons si l'on doit regarder comme mi-
« neur de vingt-cinq ans celui qui est parvenu au jour anniversaire
« de sa naissance et, ce jour-là, a contracté sous l'empire de la
« captation, doit être restitué; comme il n'aurait pas vingt-cinq ans
« accomplis, on doit dire que le temps sera compté de moment à
« moment (d'heure en heure); ainsi, s'il est né dans une année
« bissextile, Celsus pense qu'il est indifférent qu'il soit né le

---

[1] Ce serait le lieu de revenir ici sur les phases parcourues par le comput de
l'année chez les Romains depuis Romulus jusqu'à Jules César; nous croyons ce
détail inutile aujourd'hui.

« premier ou le second des deux jours bissextiles, parce que
« ces deux jours comptent pour un, et que le second est celui
« qui est intercalé. — Minorem autem viginti quinque annis natu,
« videndum, an etiam diem natalis sui adhuc dicimus, ante ho-
« ram qua natus est, ut, si captus sit, restituatur; et, quum non-
« dum compleverit, ita erit dicendum, ut a momento in mo-
« mentum tempus spectetur. Proinde et si bisexto natus est sive
« priore, sive posteriore die, Celsus scripsit nihil referre : nam id
« biduum pro uno die habetur et posterior dies calendarum inter-
« calatur. » Cette loi, disons-nous, est loin d'exiger du jurisconsulte la science de l'astronomie : cette pensée aurait pu être
produite au temps où le comput de l'année était lunaire et soi-
gneusement dérobé à la connaissance du peuple; où l'intervalle
des calendes aux nones, et des nones aux ides, devait être annoncé
à haute voix, pour être connu; où l'astronomie, à l'état d'observation, n'occupant que quelques esprits précurseurs, était à son
enfance; mais, depuis que la connaissance des divisions du temps
est devenue vulgaire et a été matérialisée par les signes les plus
sensibles, il est évident que l'astronomie, même à l'époque où
parlait Guillaume Prousteau, n'était pas plus absolument nécessaire au jurisconsulte qu'elle ne l'est aujourd'hui pour expliquer les
articles 312 et 314 du Code Napoléon, au chapitre de la pater-
nité et de la filiation.

Il insiste, cependant; l'astronomie est nécessaire dans plusieurs
cas; et faisant allusion à cette loi, « De Minoribus viginti quinque
« annis, » cette science, dit-il, sert à calculer le temps de la naissance de celui qui doit être intégralement restitué; le temps où
l'on peut contracter mariage, adopter, tester, prescrire, ou même
briguer les honneurs dans la république.

On ne s'arrêtera pas plus longtemps sur ces propositions; on ne
se laissera pas entraîner à parler avec étendue du jour natal,
rappelé par cette loi *Cum bisextum,* des touchantes cérémonies
auxquelles sa célébration anniversaire donnait lieu, ni de l'offrande
des *liba* [1]; ce serait une digression à laquelle il faut renoncer et

[1] Gâteaux offerts aux dieux : « Libum, placenta genus, ex farina, melle et oleo;

dont on aurait été heureux de retrouver la trace dans le discours
du vénérable docteur.

Nous devons aussi nous borner à rappeler la mention qu'il fait
de l'arithmétique et de la géométrie; mais il est une autre partie
de son discours dans laquelle on le suivra d'autant plus volon-
tiers qu'elle se confond avec l'histoire, le plus important des
sujets qu'il ait examinés; cette partie traite *de la nécessité, pour le
professeur, de connaître la géographie.*

Il est, dit-il, indispensable au jurisconsulte de connaître les
empires d'Orient et d'Occident, et ces différents états dans lesquels
étaient envoyés ces gouverneurs, proconsuls, ducs, comtes et pré-
fets, revêtus des mandats et des insignes de l'empire; comment le
docteur connaîtra-t-il ou expliquera-t-il l'étendue de la juridiction
et le pouvoir de tous ces magistrats, si auparavant il n'a appris
où s'arrêtaient les limites de chaque province et l'administration
des diocèses ?

Après avoir décrit ces divisions d'après un document ajouté à l'I-
tinéraire d'Antonin, il cite le texte d'une loi dont l'intelligence pré-
senterait une grande difficulté si elle ne s'appuyait sur la science
de la géographie; le titre *De Metatis*, aux codes Théodosien et Justinien, a suivant lui, un rapport direct avec cette science : « Ad
« geographiam quoque pertinet titulus De Metatis in Theodosiano
« et Justiniano codice. »

On trouve en effet dans ces codes ce titre *De Metatis et epideme-
ticis* ou, suivant Gothofredus, *epimetaticis,* dont ce jurisconsulte

« sic dictum quia pars ejus in ignem sacrificiorum injecta diis libabatur. »
Virgile a dit :

> . . . . . Hæc te liba, Priape, quotannis
> Expectare sat est. . . . .
>
> (*Eclog.* VII, v. 33.)

> Ergo rite suum Baccho dicemus honorem
> Carminibus patriis, lancesque et liba feremus.
>
> (*Georgic.* lib. II, v. 394.)

> Instituuntque dapes, et adorea liba per herbam
> Subjiciunt epulis (Jupiter sic ipse monebat).
>
> (*Eneid.* VII, v. 109.)

a donné un commentaire fort intéressant. Il a défini les *metata* dans les termes suivants : « Ce sont des logements que les habitants « des provinces fournissent aux soldats et à d'autres personnes. »

La maison, dans ce cas, devait se diviser en trois parties : l'une était réservée à celui qui l'habitait ; celui qui avait droit au logement choisissait entre les deux autres celle qui lui convenait ; et la troisième restait, comme la première, à l'usage du maître de la maison. Les officines, ou lieux destinés à l'exercice de la profession de ce dernier, étaient affranchis de la charge du *metatum*, à moins cependant que le soldat n'eût pas d'étable ou d'écurie dans la partie de la maison par lui choisie ; alors le maître de la maison devait lui fournir une écurie, de quelque endroit de la maison qu'elle dépendît, et, s'il n'en avait pas, il fallait qu'il consacrât à cet usage une partie des lieux destinés à l'exercice de sa profession ; non pas, il est vrai, telle que le soldat la demandait, mais suivant le nombre d'animaux qu'il amenait avec lui. Cette loi ne concernait que le soldat ; pour les personnes d'un rang élevé auxquelles l'hospitalité était due, elles avaient droit, à leur choix, à une moitié de maison, divisée en deux parties par celui qui était soumis à cette charge.

Cette institution était assez onéreuse ; aussi avait-on établi, sous le nom d'*epidemetica*, le moyen de s'en affranchir ; plusieurs lois contenaient les exceptions dans lesquelles on pouvait se trouver pour ne pas être compris au nombre des *metati* ; elles furent, il est vrai, abrogées, par les Novelles 129 et 134, mais Guillaume Prousteau raisonne abstraction faite de ces abrogations.

On peut examiner maintenant quelle définition il donne, et comment il parvient à établir que la géographie est nécessaire à l'intelligence de ces lois.

« Les *metata*, dit-il, sont les maisons attribuées aux étrangers « ou bien des hospices que les provinciaux étaient obligés de tenir « prêts à recevoir les troupes ou les personnes considérables à leur « arrivée. De là sont appelés *metatores,* chez Végèce (lib. II, *De Re* « *militari,* c. VII), ceux qui sont désignés pour mesurer les camps « et qui, précédant l'armée, choisissent les lieux où ils seront établis, « et les livrent aux soldats, afin que ceux-ci, ayant pris la mesure

« par pieds et déterminé les dimensions convenables, y dressent
« leurs tentes. — Metata vero sunt domus, hospitibus attributæ, vel
« hospitia quæ supervenientibus militibus, aut insignibus quibus-
« dam personis præbere tenebantur provinciales. Hinc appellati
« proprie metatores, apud Vegecium, qui castra metiri dicuntur et
« præcedentes locum eligunt castris, quem postea mensores mili-
« tibus ad podismum dimetiuntur, ut in eo milites juxta assigna-
« tam mensuram tensiora figant. »

Après avoir fait observer qu'il est aussi d'usage d'appeler *metatores* même ceux qui, dans les villes, désignent les hospices et
les hôtelleries, il revient à ceux dont il a d'abord parlé, et il
ajoute : « Mais ces *metatores* devaient connaître surtout les formes
« et les circonscriptions des provinces, les rivages, les cours des
« fleuves, tous les chemins, les stations, quelles qu'elles soient, leurs
« distances respectives, afin qu'il fût facile de se procurer des vivres
« et des convois pour l'armée, ou pour les envoyés de la république
« ou de l'Empereur ; c'est pour cet usage, surtout, qu'ont été com-
« posés des ouvrages tels que l'Itinéraire d'Antonin et la Table de
« Peutinger, contenant les mesures géographiques ; ouvrages d'une
« véritable utilité pour celui qui veut devenir habile dans la science
« de la jurisprudence romaine, et qui voudrait exposer et décrire
« l'office des *metatores*. — Sed metatores isti noscere debebant im-
« primis provinciarum circumscriptiones et figuras littorum extre-
« mitates, fluviorum decursus, itinera omnia, mansiones quaslibet,
« earumque distantias et intervalla, quo facilius haberi posset an-
« nonæ et commeatum copia necessaria vel exercitui vel legatis a
« Republica aut Imperatore missis, in quem maxime usum itine-
« rarii libelli compositi fuerant, est Itinerarium Antonini et Ta-
« bula Peutingeriana continens geographicos canones, non inutiles
« ei qui jurisprudentiæ romanæ peritus esse voluerit, et metato-
« rum munus exponere vel describere. »

On peut saisir ici, par le rapprochement entre la définition
très-simple de Godefroy et la définition très-développée de Guillaume Prousteau, le véritable caractère de l'esprit de celui-ci ; et
quoique toutes deux soient identiques, cependant les détails dans
lesquels entre ce dernier témoignent de ses tendances à recher-

cher plutôt l'aspect théorique que l'aspect pratique des choses, et pourraient, jusqu'à un certain point, justifier l'observation de la *Biographie universelle,* à propos du traité *De Mutuo,* qu'il était plus philologue que jurisconsulte.

Ces différents passages suggèrent une autre réflexion; ils accusent les entraînements reprochés par Fabert[1] aux savants du siècle auquel appartenait Guillaume Prousteau. A cette époque, on aurait craint de ne pas être à la hauteur de la vraie science, si l'on ne déployait pas l'appareil de la plus vaste érudition dans les occasions les plus exceptionnelles et les plus relatives : tout devenait prétexte pour faire parade d'un savoir universel. Notre vénérable docteur ne nous aurait pas dit en commençant qu'il doutait de ses forces et qu'il craignait de ne pas trouver dans l'arsenal des rhéteurs des préceptes et des arguments assez puissants pour traiter un autre sujet que celui qu'il a fini par adopter, qu'on verrait bien qu'il a usé de toutes les ressources que son esprit d'investigation lui fournissait pour s'acquitter de cette tâche. « Sed nec « in me ipso præsidii satis aut virium, nec in rhetorum arculis «omnibus ac præceptis efficacia satis ad id argumenta repe- « riebam. »

Ce qu'il dit de la médecine appliquée à la science du jurisconsulte justifie singulièrement cette dernière proposition : « Il faut, « dit-il, demander quelquefois à la médecine ou aux physiciens la « solution des questions les plus difficiles. — E medicis quoque vel « physicis petenda sæpissime difficillimarum quæstionum solutio. » Il cite à ce sujet un grand nombre de lois romaines qui traitent du temps de la gestation pour déterminer la légitimité d'un enfant ; la quantité d'enfants qui peuvent naître d'une seule couche, etc. la plupart prévoyant des hypothèses impossibles, et sur lesquelles cependant la subtilité des jurisconsultes romains, arrivée à son dernier terme, s'est longtemps exercée.

Il faut délaisser ces traditions de la scholastique poussée jusqu'à la plus singulière exagération et arriver à la partie vraiment sérieuse des propositions avancées par l'orateur, d'autant mieux que

---

[1] Bazile Fabert, né en 1520, mort en 1575.

lui-même, par la rapidité avec laquelle il passe sur la prétendue nécessité de certaines sciences et par l'étendue qu'il donne à l'examen de celles qu'il considère comme vraiment indispensables au jurisconsulte, témoigne suffisamment de la préférence qu'il accordait aux unes sur les autres.

Il insiste surtout sur la nécessité pour le professeur de droit d'être versé dans la science de l'histoire, qu'il appelle, d'après Cicéron, le témoin des temps, la lumière de la vérité, la vie de la mémoire, la maîtresse de la vie, la messagère de l'antiquité : « Testis temporum, lux veritatis, vita memoriæ, magistra vitæ, « nuncia vetustatis. »

Son immense utilité se manifeste dans toutes les parties du double droit pour connaître les changements qui se sont opérés tant dans la république, dans l'empire, que dans les institutions et la discipline de l'Église. « Car, dit-il, il est impossible que ceux « qui n'ont pas étudié attentivement et consciencieusement les an- « ciennes institutions et qui n'ont pas vu la lumière de l'histoire « ne trébuchent pas comme dans les ténèbres d'une nuit obscure « et sans lune, s'ils veulent enseigner les lois et le droit de la « république romaine, ou les lois ecclésiastiques et les saints « canons.— Necesse est ut et frequenter labantur aut offendant tan- « quam in illuni et tenebrosa nocte quibus perspecta non sunt et « probe cognita rerum antiquarum monumenta, quibusve non « affulget hæc historiæ lux, aut Romanæ si leges et jura reipu- « blicæ tractare, vel ecclesiasticæ, si sacros canones interpretari « velint. »

Ici l'orateur, qui se révèle tout entier, fait un tableau vif et animé de l'histoire des lettres et du droit; il raconte qu'après le démembrement de l'empire d'Occident par les Goths, les Wisigoths, les Vandales, les Franks, les Saxons et les Alains, et quand ils eurent soumis toute cette partie de la domination romaine à leur domination, ils comprirent dans la même extermination les lettres et les lettrés. « Eadem pariter literatos et literas omnes in- « ternecione deleverunt. »

Il fait la longue énumération des lois de ces peuples, la loi Salique, la loi des Bourguignons, écrites dans un langage barbare, *stylo rudi et barbaro conscriptæ,* réunies dans un corps de lois par Lindembrog.

Alors l'étude des humanités fut entièrement détruite. « Aux « malheureux Romains, dit-il, furent laissées leurs lois, qui alors « étaient toutes contenues dans le Code Théodosien, comme dans « l'unique fonds de la jurisprudence ; la législation, plus complète, « de Justinien ne s'était pas produite et n'avait pas encore pénétré « dans l'Occident. — *Suæ leges infelicibus Romanis relictæ, quæ* « *tunc temporis in Codice Theodosiano velut in unico jurispru-* « *dentiæ romanæ fundo continebantur omnes, quia nondum plenior* « *illa Justiniani prodierat aut penetraverat in Occidentem.* »

Il rappelle qu'Alaric fit faire, sous le titre de *Breviarium,* un abrégé du Code Théodosien, des œuvres de Grégoire de Nazianze et d'Hermogènes, des sentences de Paul, des institutions de Gaius, et de quelques autres Novelles ; et que cette collection, soumise à la censure des Romains, fut adoptée par les Lombards en Italie, les Vandales en Afrique, les Wisigoths et les Bourguignons en Espagne et dans la Gaule ; ainsi que l'enseigne Gothofredus dans ses Prolégomènes du Code Théodosien.

On aurait aimé à voir un docteur régent d'une célèbre université de droit, au moment où il cite Godefroy, se livrer à un examen plus critique de ce qui constituait le Code Théodosien ; constater que ce savant jurisconsulte considère quelques-unes des constitutions contenues dans cette collection, et particulièrement celle attribuée à Constantin, et portant la date de l'année 318, aux termes de laquelle le consentement des parties aurait pu transporter le droit de juridiction du juge séculier au juge ecclésiastique, et une autre de l'année 331, dont le but était d'amplier celle de l'année 318, comme l'œuvre d'un faussaire du ixe siècle, qui voulait autoriser et justifier les usurpations de la puissance ecclésiastique sur la puissance séculière, et les prétentions des papes contre le pouvoir royal.

Il aurait pu, en tous cas, et quelle que fût son opinion à cet égard, rappeler les controverses animées qui se sont agitées entre les jurisconsultes du moyen âge sur ce point ; mais cette lacune regrettable s'explique par l'absence presque absolue de cet esprit d'examen qui avait existé dans les temps antérieurs, et qui allait bientôt sortir de son long sommeil.

Il continue cependant : « Ce fut alors que les lois et les lettres se « réunirent comme dans un nouveau lycée, à Constantinople, à cette « époque la seule des trois parties de l'empire où se réfugièrent la « doctrine et la sagesse des temps passés et qui, seule, avec un gra-« cieux empressement, donna asile aux Muses exilées de l'Occident. « Seule elle vit fleurir toutes les branches des lettres et principale-« ment la jurisprudence, d'autant mieux accueillie qu'elle était une « création récente de Justinien, admirable par la richesse du style. « — Sola fugientes ab Occidente Musas recepit, et blando fovit am-« plexu ; sola viguit omni literarum genere, et præcipue juris disci-« plina quæ tunc eo placebat etiam magis quod esset recens a Jus-« tiniano partus, in hanc quam miramur luculentam consonantiam « erectus. »

Bientôt après, vinrent des temps plus heureux ; l'empereur Lothaire II, surnommé *le Saxon*, partit pour la Pouille, afin de chasser Roger, le duc des Normands, de cette province du royaume de Naples, connu sous le nom de *Grande-Grèce,* et qui avait été soumise aux empereurs grecs longtemps après les autres villes de l'Italie. Dans le sac d'Amalfi (Prousteau partageait l'erreur de tous les savants, détruite seulement de nos jours par M. de Savigny), qui avait été prise d'assaut, se trouva un exemplaire très-ancien de la législation de Justinien, lequel, ainsi qu'un autre bouclier tombé du ciel, fut considéré comme le présage de la plus grande félicité, « quod velut alterum ancile de cœlo lapsum, « summæ felicitatis omen existimatum est. » L'empereur en fit don aux Pisans, en récompense du courage qu'ils avaient déployé contre les Normands et des secours que leur flotte avait donnés ; c'est de là que ce précieux trésor fut appelé, par les glossateurs, *Pandectæ Pisanes,* et dans la suite, *les Pandectes florentines,* parce que les Florentins, ayant soumis les Pisans, les leur enlevèrent et les livrèrent à l'impression, aux applaudissements et à la joie de tout l'Occident. « Et typis impressas incredibili totius Occidentis « applausu et congratulatione communicarunt. »

Il rappelle avec admiration la rapidité du progrès de l'étude de la jurisprudence dans cette partie du monde et le nom des docteurs qui la propageaient avec gloire, tels que Irnerius, qui le premier arbora l'étendard de Bologne, et de la chaire duquel, comme d'une école nouvelle, s'élancèrent les hommes les plus remarquables par leur génie, pour propager la science du droit. « Bononiæque primus Irnerius vexillum cæteris extulit, et hujus « enim schola, velut ex officina, statim prodierunt ad propagan- « dum jus civile præstantes ingenio viri [1]. » Tels furent Placentinus et Bulgarus, Jean Bossianus, Martin Cossias, Odofredus et Azo, auxquels bientôt ont succédé Accurse, Oldradus, Bartholdus, Baldus, Fulgosius Paulus de Castro (ou Castrensis), Albericus, Alexander, Socinus, Decius et autres interprètes italiens auxquels, jusqu'à la fin du xve siècle, on doit accorder cette louange, qu'ils ont, plus qu'aucuns autres appartenant aux nations chrétiennes, jeté de l'éclat sur le droit romain.

Et obéissant au mouvement de l'esprit humain, qui déjà s'opérait au moment où lui-même enseignait, il se plaint de ce que cette science ait été privée du secours des lettres, jusqu'à ce que l'empire d'Orient, détruit par les Turcs, *les lettres et les Muses*, qu'il semble confondre ou ne pouvoir séparer, revinrent de cette partie du monde dans l'Occident.

C'est alors, dit-il, que se sauvèrent, comme d'un naufrage, ces savants docteurs : Grégoire Typhernas, Jean Argyropile, Emmanuel Chrysolas [2], Théodore Gaza [3], Démétrius, Georges (de Trébizonde) [4], Constantin Lascaris [5], Jérôme Spartiates [6], Marcellus [7], et

---

[1] Cette phrase est une évidente réminiscence de l'hymne *Vexilla regis prodeunt*, attribuée, par les annalistes orléanais, à Théodulphe, illustre évêque d'Orléans sous Charlemagne, et avec une plus grande vraisemblance, par Fleury, à Venantius Fortunatus, évêque de Poitiers, pour célébrer l'entrée triomphale d'un morceau de la vraie croix, donné par Justinien à la reine sainte Radegonde.

[2] D'autres disent : Chrysoloras.

[3] Ou Gazis, célèbre grammairien.

[4] Écrivain grec né à Trébizonde en 1396, venu à Venise en 1430, et mort à Rome en 1486.

[5] Venu en Italie en 1414, mort à Messine en 1493. Auteur d'une Grammaire grecque très-estimée.

[6] Ce savant semble n'avoir laissé d'autre trace que celle de son nom.

[7] Il en est de même de Marcellus.

autres nobles personnages qui, changeant de patrie, emportèrent
avec eux les belles-lettres et établirent dans le pays latin une nouvelle Athènes. « Et alii nobiles Græci qui solum vertentes optima
« quoque studia secum transportarunt, et novas Athenas consti-
« tuerunt in Latio. »

C'est de ce moment que date la renaissance ; que l'étincelle des
beaux-arts, éteinte en Grèce, commença à revivre et à se reproduire dans le pays latin ; que l'éloquence grecque fut unie, par
un heureux hyménée, à la grâce latine ; et que, de jour en
jour plus cultivées, elles s'épanouirent et poussèrent des rejetons
nouveaux. « Hinc extincti in Græcia bonarum artium igniculi, in
« Latio reviviscere et repullulare cœperunt ; hinc elegantia græca
« juncta latinæ, fortunato conjugio ; hinc scientiæ omnes a tene-
« bris in lucem revocatæ sunt, et novis in dies incrementis cul-
« tiores effloruerunt. »

C'est de ce moment aussi que la jurisprudence fut rendue,
chez nous, à son ancienne splendeur ; de sorte qu'après avoir été
exilée avec les belles-lettres, après avoir souffert les mêmes fu-
nestes épreuves, elle revint avec elles dans leur antique patrie, et
brilla chaque jour d'un nouvel éclat. « Hinc apud nos suo quoque
« restituta splendori jurisprudentia fuit, ut quæ cum bonis literis
« exulerat, eosdem passa manes, cum iis etiam reducetur in anti-
« quam patriam et quotidie magis inclaresceret. »

Alors naquirent en foule les hommes illustres qui réunissaient,
à l'élégance du discours, l'habileté de l'interprétation des lois,
et qui, afin de parler plus purement, s'éclairaient du flambeau de
la philologie.

On s'arrêtera ici dans l'analyse de ce discours, remarquable
compendium de toutes les parties de la science, telle qu'elle était
comprise alors, et on ne suivra pas son auteur dans la longue
énumération des illustres docteurs qui, dans les principaux États
de l'Europe, se sont appliqués à perfectionner leur langage, depuis Alciat jusqu'à Cujas, que Guillaume Prousteau constitue,
avec une haute raison, le juge de toutes les questions et qu'il
proclame le meilleur modèle qui puisse être proposé aux profes-
seurs de droit ; on le laissera aussi se livrer aux exhortations qu'il

adresse à la jeunesse et aux docteurs régents eux-mêmes, pour engager les uns et les autres à l'union, à l'étude du droit et des lettres. Il semble qu'on a obtenu de cette analyse tout ce' qu'on devait en obtenir : la justification de cette proposition, que celui qui l'a prononcée était bien la personnification de son époque, au point de vue scientifique et littéraire, et même des habitudes répandues dans la société à laquelle il appartenait.

Et l'on se sépare de cette partie de cette étude avec d'autant plus de sécurité que ce qui reste à dire permettra de compléter, à ce point de vue, la tâche commencée.

Fondation de la bibliothèque publique d'Orléans.

Toute cette vie, qui n'est que le résumé d'une grande époque de rénovation scientifique et intellectuelle, se résume elle-même dans un des plus grands actes que puisse accomplir un simple particulier ; et cet acte détermine lui-même, par son ensemble et les parties qui le composent, la nature et les différentes aptitudes de celui auquel il appartient : nous voulons parler de la fondation d'une riche bibliothèque publique.

Les bénédictins l'ont fait remarquer avec raison, *cet acte suffit pour acquérir à Guillaume Prousteau une véritable immortalité.* Ces actes ne peuvent émaner que des rois, des cités opulentes, ou de puissantes associations ; la pensée seule d'une fondation de cette importance devait se présenter tellement imposante qu'elle devait être à l'instant repoussée ; cependant, non-seulement Guillaume Prousteau l'a conçue, non-seulement il en a fait l'objet d'une persévérante méditation, mais il l'a, trente-neuf ans avant sa mort, mise à exécution.

Ce fut en 1676 qu'il put acquérir une bibliothèque formée par l'intelligence la plus élevée de ce temps, par l'homme que son immense érudition et ses hautes relations rendaient le plus capable de préparer une collection assez précieuse et assez complète pour être digne d'une si noble destination ; et il fallut, pour connaître son existence, que le fondateur eût des relations semblables, ce que nous constaterons bientôt ; et, comme le premier, fût doué d'une grande intelligence et d'une vaste érudition.

Cette haute intelligence, cet homme capable de préparer cette collection était Henri de Valois, connu dans la science, et suivant l'usage de ce temps, sous le nom latinisé de *Valesius*, comme Prousteau l'était sous celui de *Prustellus*.

Henri de Valois, historiographe de France, né à Paris en 1603, y mourut au cours de l'année 1676 ; et Guillaume Prousteau parvint non sans peine, et sans avoir à vaincre une rude concurrence, à se rendre acquéreur de ses livres et de ses manuscrits.

C'est ici le lieu de revenir un instant sur sa naissance et sa famille, afin d'expliquer comment il put satisfaire aux exigences des obligations qu'il devait contracter à ce sujet.

Nous l'avons vu naître en 1628, dans une condition de fortune au moins modeste et que sa fonction toute scientifique ne devait pas lui permettre d'augmenter.

Et nous devons ajouter que les deux branches de sa famille ont grandi et se sont élevées à des emplois bien éloignés de l'obscurité de leur origine ; tout cela est, sans doute, le témoignage d'un progrès considérable dans la voie de la fortune ; mais enfin si les ressources ne s'épuisent pas, elles s'arrêtent ; et le docteur régent de l'université d'Orléans, après son éducation prolongée, ses voyages, son long noviciat dans la carrière de l'enseignement, devait être assez peu pourvu d'argent, et ne devait pas être, par conséquent, en position, à ce point de vue, de fonder une bibliothèque digne d'être offerte au public.

Tout s'explique : Henri Prousteau était allé chercher fortune à l'étranger ; il avait porté ses pas en Hollande, au moment où la gloire maritime de cette république de marchands faisait de ce voyage l'équivalent d'un voyage en Amérique. Henri Prousteau rapporta de cette expédition, dont le but n'est pas connu, mais qui dura douze années [1], une immense fortune. Il devait en faire, et il en fit un noble usage ; il fit contracter, à la seule de ses nièces qui n'avait pas adopté la vie religieuse, un mariage honorable, et pourvut son neveu, par une substitution, il est vrai, de moyens

---

[1] Il n'en revint que pour fuir le protestantisme, a dit Guillaume Prousteau dans son testament, par amour pour la religion catholique.

suffisants d'existence ; et il donna tout le reste à son frère le savant, et presque nécessairement le peu fortuné docteur de l'université [1].

Ainsi put s'accomplir l'acte de générosité de ce dernier, d'autant plus remarquable qu'il a été plus promptement exécuté, Henri Prousteau étant mort peu de temps avant Henri de Valois, et Guillaume Prousteau s'étant, presque aussitôt qu'il l'eut recueillie, privé d'une grande partie de cette opulente succession. Temps regrettable que ceux où l'on pouvait, même sans croire faire un véritable sacrifice, et sans s'imposer de privations, se contenter du modeste nécessaire en présence d'un grande fortune, et cela par le seul mobile de l'utilité publique.

La bibliothèque fut achetée, et Sainte-Beuve, le célèbre casuiste, l'un des amis de secte de Guillaume Prousteau, après l'avoir vigoureusement secondé dans l'œuvre de cette acquisition, l'en félicitait par une lettre et s'en félicitait lui-même dans l'intérêt de la science : il était heureux, car Mme de Valois poussait énergiquement à l'enchère, que *ce ne fût pas un financier* qui l'eût emporté sur le savant orléanais.

Cette bibliothèque était considérable et riche en livres appartenant à la littérature grecque et latine ; mais elle n'était pas complète, selon le vœu de son heureux possesseur ; en 1704, il achetait celle du savant Barry, doyen des chanoines de l'église de Sainte-Croix d'Orléans, et ajoutait ainsi la théologie à la littérature, aux sciences et à la jurisprudence.

C'est alors qu'il voulut accomplir son projet et qu'il prépara tout dans cette intention ; cette préparation dut être longue ; il balança sur le dépositaire à qui il devait confier ce trésor ; il hésita entre le chapitre de Sainte-Croix et le monastère des bénédictins

---

[1] Tout ce qui a été dit sur l'origine et la composition de la famille de Guillaume Prousteau est exclusif d'une filiation à laquelle aucune autre famille puisse se rattacher.

Les père et mère de Guillaume Prousteau n'ont eu que deux garçons et une fille ; Henri et Guillaume n'ont jamais été mariés et n'ont laissé aucune descendance ; il existe cependant une famille honorable qui, se croyant descendue de Prousteau, a mis dans ses armes une *proue* et a pris pour devise ces mots :

«Prout-sto in periculis audentior.»

de la congrégation de Saint-Maur; il se décida pour les bénédictins.

Mais, avant d'entrer dans l'examen de l'acte qui a constitué ces derniers les gardiens de ce dépôt, nous devons, suivant l'exemple qu'ils nous ont donné, rapporter quelques circonstances scientifiques qui ont signalé à l'attention et à l'observation la possession exclusive et momentanée du donateur.

La bibliothèque de Henri de Valois contenait quelques manuscrits de ce savant et particulièrement des volumes qu'il avait en grand nombre enrichis de notes. Si les bibliophiles ordinaires n'aiment pas à prêter leurs livres, combien se montrent-ils plus jaloux de ceux sur lesquels une main aussi respectable que celle de Henri de Valois a laissé son empreinte; tout au plus peuvent-ils consentir à ce qu'on les regarde, et, quand ils vont jusqu'à les laisser consulter, ils ont épuisé la mesure de leur complaisance; et si on allait jusqu'à se hasarder à demander la permission de les emporter, et surtout de les emporter au loin, il n'y aurait pas d'expression pour qualifier une pareille témérité.

Ainsi raisonnent ceux qui ont la manie des livres; ceux qui sont animés de la passion de la science se placent à un tout autre point de vue : Prousteau s'empressa d'envoyer aux religieux de l'abbaye de Saint-Germain-des-Prés de Paris les œuvres de saint Jérôme, éditées à Paris, en 1529, par Marien Victorius, quoique les quatre volumes grand in-fol. composant cet ouvrage fussent chargés de notes écrites de la main de Henri de Valois.

Ce n'est pas tout; d'autres ouvrages, aussi précieux à ce titre, lui furent demandés par de savants philologues hollandais; ce furent le lexique d'Hesychius, célèbre écrivain d'Alexandrie; le dictionnaire d'Harpocration, célèbre grammairien, né dans cette dernière ville, et de Julius Pollux, écrivain du IIe siècle, né à Naucratis, en Égypte; de Grævius (Georges Græff), savant Saxon du XVIIe siècle, et de Nicolas Heinsius, de la même époque, célèbre par sa persévérance à visiter les bibliothèques des principaux pays de l'Europe et à consulter les manuscrits.

Pour ces derniers ouvrages, il faut reconnaître que Guillaume Prousteau hésita; et certes on ne saurait lui en faire même un reproche : il avait peur que, partis d'Orléans pour un si long voyage, ces volumes n'y revinssent pas ; mais il céda aux démarches que firent auprès de lui quelques savants de Paris, et il envoya ses livres, qui furent renvoyés après avoir été édités avec les annotations dont ils étaient augmentés ; chose très-méritoire, œuvre d'une merveilleuse patience, si l'on en croit Adrien de Valois, frère du savant annotateur, dont on cite cette phrase lorsqu'il parle de l'écriture de ce dernier : « Mirabar minutissimas litteras, « pedum muscarum similes, manu ejus scriptas, quæ a nemine « posse legi videbantur. »

Et maintenant que nous connaissons ce que pouvait faire et ce qu'a fait Guillaume Prousteau, quels sacrifices il savait s'imposer, quelles légitimes répugnances il savait vaincre pour favoriser les études, arrivons à l'acte lui-même de donation, et terminons ainsi le récit de sa vie scientifique.

Le 6 avril de l'année 1714, monsieur Guillaume Prousteau, conseiller du roi, docteur régent de l'université, et messire François-Jacques Legrand, conseiller du roi et son procureur au bailliage et siége présidial ; honorable homme Jean Deloynes, marchand, bourgeois, premier échevin de la ville, représentant le maire, messire Jacques Menault, qui, à cette qualité, réunissait celle de conseiller au bailliage, tous *comme représentant le public ;*

Et les RR. PP. prieur et religieux bénédictins du monastère de Notre-Dame-de-Bonne-Nouvelle,

Passaient, devant un notaire, au Châtelet de leur ville (Me Rou) [1], un contrat dont *les conventions respectives des parties en cet acte étaient celles suivantes :*

Le sieur Prousteau donne (sans dire à qui), pour être conservée par les bénédictins, la bibliothèque à lui appartenant, composée de 1,600 volumes in-fol. ou environ ; et tous ceux qui se trouveraient en sa maison au jour de son décès, en quelque endroit qu'ils se puissent trouver, et les manuscrits du traité du droit civil et canonique que le donateur *a dictés ;*

---

[1] Voir le minutier de ce notaire, aujourd'hui confié à M. Desbois, notaire à Orléans.

Douze grandes cartes géographiques des principaux États de l'Europe, ensemble les tableaux des personnes illustres qui florissaient sous les règnes de Henri IV et de Louis XIII,

Aux conditions suivantes :

1° La bibliothèque sera et demeurera publique à toujours.

2° Les livres de la bibliothèque ne pourront être lus que dans son enceinte.

3° La bibliothèque demeurera séparée de toute autre, et il n'y sera pas mêlé d'autres livres qui puissent y faire aucun changement.

4° Il sera placé, *aux dépens* du donateur, au-dessus de la porte du monastère, en dehors, une table de marbre portant ces mots : « Bibliotheca G. Prousteau, antecessoris aurelianensis, utilitati pu- « blicæ conservata. » Une autre table de marbre sera placée à l'intérieur de la bibliothèque, portant, *en lettres d'or*, un abrégé des principales clauses de l'acte de donation [1].

5° Le donateur institue une commission dite de la conservation de la bibliothèque, composée du lieutenant général du bailliage, du chancelier de l'université, du R. Père prieur de Bonne-Nouvelle et du maire de la ville qu'il fait *conservateurs, inspecteurs et commissaires.*

Là ne s'arrêtent pas les prévisions du donateur; il soumet toutes les difficultés qui pourraient survenir, par cette fondation, au procureur général du parlement de Paris, qu'il considère comme *inspecteur de tout ce qui regarde le bien public.*

Le bibliothécaire, qui devra toujours être un bénédictin, sera nommé par le général de la congrégation de Saint-Maur; il prescrit qu'il ait les qualités requises pour cet emploi; c'est-à-dire « aimant les sciences, bon connaisseur en livres, ayant de la dou- « ceur et de la civilité, en sorte que sa personne, son esprit et sa

---

[1] Ces deux tables de marbre avaient été conservées dans l'intérieur de la bibliothèque publique d'Orléans; la première a été, à la sollicitation de l'auteur de cette biographie, et par les soins de M. Genteur, alors avocat à Orléans et maire de cette ville, aujourd'hui secrétaire général du ministère de l'instruction publique, placée en dehors de cet établissement; la seconde existe encore dans l'une de ses salles.

« capacité puissent autant attirer les étudiants à la bibliothèque
« que la lecture. »

Il prescrit la tenue d'un catalogue double, l'un *secundum scien-
tias et facultates ;* l'autre contenant l'ordre alphabétique des livres,
afin, dit-il, d'éviter la confusion qui se remarque dans les bibliothèques appelées *Telleiana* [1].

Enfin il prescrit de dresser le catalogue des livres qui, dans la
suite, seraient ajoutés à ce qui faisait l'objet de sa donation ; car
la munificence du donateur ne se borna pas à ce premier don : il
voulut que, dans l'avenir, on pût entretenir la bibliothèque par
l'acquisition des meilleurs livres en toutes sortes de sciences.

Pour atteindre ce but, il investit le bibliothécaire seul, *sous
l'admission des connaisseurs,* du pouvoir d'acheter des livres, et se
réserve de donner *quelque mémoire,* c'est-à-dire des conseils à ce
sujet, que le bibliothécaire, ajoute-t-il, *pourra faire examiner ;* et
il lui fait cette concession par cette considération judicieuse, « que
« l'achat d'un livre rare et bon dépend quelquefois de certaines
« occasions qui se présentent et ne souffrent pas de remises. »

A cet effet, il s'engage à payer, au moment où la bibliothèque
sera placée, une somme de 17,000 livres, *argent comptant,* dont
il fait la division suivante :

1° 3,000 livres aux religieux de récompense pour l'endroit
qui sera occupé, dans leur monastère, par la bibliothèque, et pour
l'entretien, à l'avenir, dudit lieu.

2° 8,000 livres pour la nourriture du bibliothécaire, celle de
son valet et des gages de celui-ci.

3° Et 6,000 livres pour subvenir à l'entretien de la bibliothèque, acheter par année les volumes qui seront jugés nécessaires
et relier ceux qui en auront besoin.

Cette dernière somme était, en outre, affectée à une autre certaine destination ; elle devait contribuer à payer les frais d'un
repas, que le donateur met à la charge des religieux, au profit
de la commission des conservateurs ; « et comme, dit l'acte, la ré-

[1] Nous avons vainement recherché le sens de ce mot, sur lequel les auteurs
qui ont traité de l'histoire des bibliothèques, et principalement Le Gallois, ont
gardé le silence.

« capitulation du catalogue à dresser des livres donnés ne pourra
« être faite en une seule séance, et que les conservateurs-inspec-
« teurs seront obligés de rester, à cet effet, toute la journée à
« la bibliothèque, s'obligent, les religieux, de donner à dîner,
« *au réfectoire,* aux dits sieurs conservateurs ; pourquoi, lors de
« cette séance, ils seront tenus d'y rester le temps suffisant. »

Cette somme de 17,000 livres devait être « employée en achats
« d'héritages, avec déclaration d'emploi pour sûreté du dépôt et
« donation de la bibliothèque. »

Les religieux exécutèrent cette clause ; ils achetèrent une maison à Orléans, et une pièce de bois taillis faisant partie de la mé-
tairie de *Concire,* située dans le Val-de-Loire, paroisse de Dry,
voisine, elle-même, de la paroisse de Notre-Dame-de-Cléry ; ces
biens furent saisis et vendus les 16 et 30 septembre 1792, comme
dépendances, est-il dit dans le cahier des charges, de la *bibliothèque publique d'Orléans.*

Enfin, Guillaume Prousteau fit tous les frais d'installation de
ses livres, il déboursa à cet effet une somme de 12,000 livres,
portant ses dépenses à la somme de 30,000 livres, qui, ajoutée
à celle moyennant laquelle il est devenu le possesseur des ouvrages
donnés, présente un capital encore considérable de nos jours, et
qui était énorme si l'on se reporte à l'époque où cette donation
était faite.

Pour prix de tous ces sacrifices, Guillaume Prousteau stipule
et obtient facilement qu'il sera placé au nombre des bienfaiteurs
du monastère, et compris aux prières de la communauté ; que les
religieux diront, chacun an après son décès, deux services pour le
repos de son âme, l'un le jour de la fête de saint Guillaume, son
patron, l'autre le jour anniversaire de sa mort. « Auquel service,
« dit l'acte, les religieux seront tenus d'inviter, dès la veille, lesdits
« conservateurs et inspecteurs, et de fermer la bibliothèque pen-
« dant ces deux jours. »

Nous n'ajouterons rien à cette analyse ; elle se suffit à elle-
même : le bienfait est considérable, il est complet, tout y est prévu
pour le présent et pour l'avenir ; il est le résultat d'une longue
méditation d'une immense générosité ; et si l'on peut y remarquer

quelques préoccupations sur les moyens de conserver le souvenir du donateur, on peut y remarquer aussi l'expression d'une extrême modestie, d'une grande piété, d'un ardent désir d'être utile.

Ce bienfait ne fut pas le seul : Guillaume Prousteau donna une heureuse impulsion aux amis de la science, et bientôt plusieurs autres savants se réunirent à sa généreuse pensée ; nous ne mentionnerons ici que le grand jurisconsulte auquel la ville d'Orléans a eu la gloire de donner naissance : Joseph-Robert Pothier légua tous ses livres de droit à la bibliothèque d'Orléans, par son testament olographe daté des 26 et 30 juillet de l'année 1711, modeste collection s'élevant à cent un volumes, dont trente et un, formant ce que le testament appelle la collection des *jurisconsultes gothiques,* ont été, du consentement de dom Fabre, bibliothécaire à ce moment, abandonnés à la succession de l'illustre et vénérable testateur, attendu leur peu de valeur et le mauvais état dans lequel ils se trouvaient ; ce qui a réduit le legs à soixante et dix volumes, dont on aurait pu encore supprimer une grande partie, si n'eût été le respect inspiré par le nom de celui qui les avait donnés.

Amitiés, caractère et mœurs de Guillaume Prousteau.

Nous avons peu de chose à ajouter à ce que nous avons dit déjà à ce sujet ; nous l'avons vu en communication avec un assez grand nombre de savants, et dans sa vie privée nous verrons, par son testament, quelles étaient ses relations sociales et combien elles étaient honorables et affectueuses. Nous n'avons ici à nous occuper que de ses relations scientifiques ou qui tenaient principalement à sa haute position dans cet ordre d'idées.

Les bénédictins mentionnent surtout Saïnte-Beuve, Nicaise, chanoine de la Sainte-Chapelle de Dijon, plus connu par ses rapports avec les savants que par ses œuvres ; Adrien de Valois, frère de celui dont il acheta la bibliothèque, comme lui historiographe de France et auteur du *Gesta Francorum* et du *Notitia Galliarum ;* Nublé, beaucoup moins connu ; Dufresne Du Cange, l'illustre auteur du *Glossaire,* et Thoinard, auteur de notes sur l'ouvrage de Lactance intitulé *De Mortibus persecutorum.*

Mais il n'eut pas que ces seules relations relatives ; il fut lié avec l'évêque d'Orléans, de Cambout de Coislin, auquel il dédia un de ses discours sur la pénitence, ainsi que nous l'avons dit ; et cette liaison allait, si nous en croyons une phrase de cette dédicace, jusqu'à la familiarité ; il lui dit en terminant : « Si nullo sui pretio, « si non argumenti novitate nec artificis industria placere potest, « offerentis saltem voluntate placeat, et sinceri pectoris affectu. » Il était lié aussi avec le célèbre P. Petau et le savant P. Oudin ; il le fut surtout avec un ecclésiastique distingué, Grostête de Mahis, dont il écrivit la biographie avec un tel entraînement que cette œuvre rappelle l'amitié de Montaigne pour Estienne de la Boëtie [1].

Son caractère nous est apparu ferme jusqu'à l'inflexibilité, tant soit peu enclin à la vanité, et pourtant disposé aux sentiments les plus tendres et les plus bienveillants. On raconte que son zèle pour la science était uni aux plus douces sollicitudes pour ses écoliers, qu'il les excitait au travail quand leur absence des cours était le résultat de la légèreté de leur âge, et les secourait quand elle était le résultat de souffrances physiques ou de l'indigence [2].

Sa modestie éclate dans son discours, où il se montre cependant assez disposé à la lutte, et dans son acte de donation, où il paraît assez disposé à céder à la vanité.

Ses mœurs étaient pures et sévères.

Son caractère enfin, au triple point de vue où nous venons de l'envisager, se révèle plus particulièrement dans ses opinions religieuses et dans son testament.

Ses opinions religieuses. — Son testament et sa mort.

Il faut distinguer, en matière religieuse, entre les sentiments et les opinions ; nous avons suffisamment considéré Guillaume

---

[1] M. Grostête de Mahis, né dans une famille protestante et élevé dans la religion évangélique, dont il devint ministre, abjura et se fit catholique. Il entra dans les ordres et mit un grand zèle à y faire entrer quelques membres de sa famille ; il est bien probable qu'il adopta la doctrine du jansénisme, puisqu'il fut étroitement lié avec Guillaume Prousteau.

[2] Dom Guerou nous apprend qu'il fut en tout temps le bienfaiteur des pauvres, qui, pendant la disette de 1709, l'appelaient leur père. (Document manuscrit appartenant à la bibliothèque d'Orléans.)

Prousteau sous le premier de ces aspects, il nous reste à l'examiner sous le second.

Il est manifeste qu'il avait adopté, avec toute la fermeté et l'absolutisme de son caractère, la nouvelle doctrine, acceptée d'ailleurs à cette époque par l'immense majorité des membres des corps enseignants et des corps judiciaires; ses liaisons nous en seraient un éclatant témoignage si nous n'en possédions pas un plus direct et plus éclatant encore.

En consultant les manuscrits de son cours de droit canonique, nous y rencontrons le titre *De Summo pontifice*, et nous pouvons en tirer les passages suivants :

Après avoir établi que le *jus clavium* passe à tous les apôtres et doit être considéré comme donné à l'Église tout entière, dans la personne de Pierre, il s'exprime ainsi : « C'est pourquoi le Christ « ne semble pas avoir voulu aller jusque-là, que Pierre ou son « successeur établît un monarque absolu dans l'Église, que les « autres apôtres ou les évêques, leurs successeurs, tinssent de lui « leurs pouvoirs, et fussent soumis à leur juridiction comme les lui « ayant empruntés; et que de lui, comme d'une source, découlât « sur les apôtres ou les évêques, leurs successeurs, tout ce qu'ils « ont d'autorité; et que, de même qu'un prince dans une monar- « chie distribue ses magistrats ou ses juges dans l'étendue de son « empire, qui rendent en son nom la justice à ses sujets, de même « Pierre et ses successeurs possédassent l'autorité qu'ils concéde- « raient aux autres pasteurs et évêques, pour le gouvernement de « l'Église dans certaines limites ; ces principes, d'ailleurs, nous ont « été enseignés par le Christ sur la montagne; il y déclara que « son règne n'est pas de ce monde, et il interdit absolument la do- « mination aux siens, afin qu'ils n'affectent pas l'autorité des rois. — « Quare nec id videtur intendisse Christus ut Petrum vel ejus suc- « cessores absolutum monarcham constitueret in ecclesia, a quo « cæteri apostoli, vel apostolorum successores episcopi, missiones « suas obtinerent, aut jurisdictionem suam quasi mutuam accipere « cogerentur, a quo quicquid est auctoritatis in cæteros apostolos « aut apostolorum successores episcopos velut a fonte dimanarit; « ut quemadmodum princeps in monarchia temporali, magistratus

« aut judices ordinarios locorum per territoria distribuit qui, suo
« nomine, suis subditis reddant, ita et Petrus ejusque successores
« soli auctoritatem possiderent quam cæteris pastoribus et episcopis
« in ecclesiarum regimine certa quadam mensura ac limitatione
« concederent; hæc aliena videntur a monte Christi qui suum
« regnum de hoc mundo non esse testatur, expresseque domina-
« tum suis interdicit ne se tanquam reges ostentent. »

Ces paroles sont un retentissement de celles de Calvin et de
Théodore de Bèze, à moins qu'elles n'aient été empruntées à Pierre
de Marca, dans un ouvrage intitulé *De Concordia sacerdotii et im-
perii, seu de libertatibus ecclesiæ Gallicanæ*, publié quatre ans seulement avant le jour où Guillaume Prousteau prononçait son dernier discours de rentrée.

Il continue en empruntant la lettre première de saint Pierre,
chap. v, *Ne dominentur in cleris*, dans laquelle, suivant lui, il est dit
que l'Église est une mère et non une souveraine, *Ecclesia romana
mater, non domina*, et par laquelle l'apôtre indique suffisamment
que le régime monarchique ne peut convenir à son Église, mais
qu'il doit être tempéré par l'aristocratie et même par la démocra-
tie. « Unde satis indicat ecclesiæ suæ non convenire monarchicum
« regimen, sed aristocratia magis ac democratia temperatum. »

Enfin il couronne l'œuvre de la confession de ses principes dans
la partie de son cours où il traite de l'autorité des conciles; il l'ac-
cepte avec une soumission absolue, qui n'est que la conséquence
de son opinion sur l'étendue de l'autorité des papes; il signale les
incertitudes auxquelles on serait livré si l'on ne suivait pas les
décisions de ces assemblées. « Dans ce cas, dit-il : Navigamus inter
« Scyllam et Charibdem. »

Guillaume Prousteau était donc un véritable janséniste; comme
Pothier, il avait de cette secte la science, l'autorité, la rigidité, la
foi, la probité; heureuses les erreurs qui assurent d'aussi grands
avantages et d'aussi grandes vertus; et, en effet, comme Pothier,
il assistait à la messe tous les jours; comme lui, il l'entendait à
genoux; comme lui, il observa la loi du jeûne jusqu'à son dernier
jour, c'est-à-dire dans la plus extrême vieillesse.

Son testament atteste ces sentiments, et nous terminons ici le tableau de cette vie édifiante par la production de quelques-unes de ses dispositions, qui le présenteront, non-seulement comme étant animé de la plus grande piété, mais aussi comme ayant eu un cœur affectueux, une douce gaieté, un véritable sentiment des arts et une inépuisable charité.

Il place cet acte sous la protection de la Sainte Trinité ; déclare agir sain de corps et avec une entière liberté d'esprit, et parce qu'il entend la voix de Dieu lui dire en Isaïe (ch. XXXVIII, 1) : « Dispose ta maison, car tu vas mourir. — *Dispone domui tuæ quia* « *morieris.* »

Il déclare aussi croire à tous les articles contenus au Symbole des Apôtres, et, généralement, à tout ce que la sainte Église catholique, apostolique et romaine ordonne de croire ; mettre toute son espérance en Dieu, et pardonner du meilleur de son cœur à ceux qui l'ont offensé, et demander pardon à ceux qu'il a pu offenser.

Il remercie Dieu de l'avoir créé, conservé et racheté, et de lui avoir procuré les choses nécessaires à son éducation ; et, jetant avec complaisance un dernier regard sur les grands événements de sa paisible vie, il remercie Dieu de n'avoir pas permis qu'il reçût de la confusion quand il lui a fallu complimenter et haranguer les princes et princesses, ou les grands seigneurs, ou les grands magistrats du royaume, comme recteur et à la tête de sa compagnie.

Le don qu'il fait aux chanoines de Sainte-Croix d'Orléans d'une somme de 3oo livres pour les remercier de lui avoir laissé, dans leur cloître, la jouissance qui lui avait été donnée à vie, par un de leurs collègues, d'une maison, et de l'avoir ainsi *traité comme chanoine,* atteste le calme et la régularité dans laquelle il a toujours vécu ; les excuses qu'il leur fait de leur avoir préféré les bénédictins pour garder sa bibliothèque attestent combien était vif, chez lui, le sentiment de la reconnaissance ; ses nombreuses aumônes aux hospices d'Orléans et de Tours, aux écoles de charité, aux pauvres prisonniers, à quelques monastères comme rémunération de services et d'annuels, attestent combien la piété et la charité étaient intimement unies dans sa conscience, et à quel point toutes les deux présidaient à ses actions.

S'il fut, jusqu'au dernier jour et même au delà, fidèle à ces deux sentiments, il ne fut pas moins fidèle au culte de la science ; il veut se perpétuer au milieu de ses livres ; et « afin que mon « corps, dit-il, ne soit pas séparé de ma bibliothèque, je prie les « RR. PP. bénédictins de Bonne-Nouvelle, chez qui je l'ai déposée « pour la rendre publique, de trouver bon qu'il soit enterré quelque « part, au bas de l'église, au rang des laïques ; » et il leur lègue une somme de 500 livres *comme une petite reconnaissance.*

L'homme religieux, l'homme de la science s'efface et disparaît dans les autres dispositions pour faire place à l'homme privé ; il s'y montre dans toutes les nuances de son caractère, avec ses douces et cependant vives passions, ses affections et ses rancunes.

Nous l'y voyons entouré de relations établies dans la haute société de cette époque ; en première ligne des membres de sa famille, occupant des positions élevées, auxquels il distribue quelques sommes d'argent et surtout des objets de luxe ou d'art, en rapport avec la position de chacun : à la fille de Christophe Cadeau, procureur général du parlement de Metz, il donne une obligation de 1,000 francs, souscrite à son profit, par le père de celle-ci ; dix pistoles à chacun des six enfants ; cent pistoles à Cadeau de Bourdareau, lieutenant de vaisseau ; ses chemises en toile de Hollande, « dont les poignets à arrière-point sont d'une délicatesse merveil- « leuse et peuvent passer pour chef-d'œuvre des plus habiles lin- « gères, deux toilettes, l'une de fort bonne toile de Hollande avec « une dentelle de fil autour, l'autre garnie d'un beau tavy ou tary « blanc (mot dont on n'a pu retrouver le sens) garni d'or fin. »

Il donne à un autre membre de la même famille vingt pistoles, six cuillers et six fourchettes d'argent et quatre fourchons du poids de trois marcs et quelques onces.

A un de ses amis, il laisse un coffre en fer *où l'or et l'argent sont en sûreté contre les larrons.* « Ce coffre, fabriqué en Allemagne, est, « dit-il, un des meilleurs et des plus beaux de ceux qu'on a fait « venir en France ; il peut contenir de trente à quarante sacs de « 1,000 livres chacun. » La serrure de ce coffre était à secret très-compliqué, que le testateur prend, assez imprudemment, le soin de révéler ; ce qui distinguait le mécanisme de la serrure, c'est qu'on ne pouvait ni la fermer ni l'ouvrir sans produire un grand bruit; il ajoute : « La trempe de ce fer est admirable et à l'épreuve « de la rouille; il y a plus de cinquante ans qu'il est en France, « et toutes les serrures et ressorts s'ouvrent avec la même facilité « que dans un ouvrage frais fait. »

A un autre, il lègue une grande coupe posée sur son pied, et son couvercle et son panache à aigrette, en argent d'Allemagne et le dedans en vermeil. « Elle avait, assure-t-il avec une gaieté qu'on « s'étonne de trouver dans un acte si solennel, servi à un roi de « Pologne qui aimait les grands *arrousemens* de gosier; elle ne con- « vient pas, ajoute-t-il, à un homme aussi sobre que son légataire, « mais il la gardera pour les curieux d'aussi grandes rasades. »

Nous ne pousserons pas plus loin le détail de ces objets de luxe, des riches ouvrages d'orfévrerie, tels que des aiguières, des bassins et des flambeaux en argent, en cuivre et même en étain d'Angle- terre, fabriqués au marteau, tous d'un grand prix par leur valeur intrinsèque et surtout par leur valeur artistique, et d'autres objets rares et curieux, tels que des reliquaires, des amulettes, talismans contre les maladies et les entreprises du malin, apportés par les pèlerins des pays les plus lointains : par exemple, un véritable cordon de saint François pris à Assise même; une croix rouge de Calatrava, « très-estimée de grande vertu en Espagne, » dit assez malicieusement le testateur, et des indulgences à lui données par Alexandre VII, *tant pour lui que pour un certain nombre de ses amis, en bonnes formes,* ce qui l'autorise à en léguer une partie à l'un d'eux.

Des œuvres de l'école flamande, tableaux de genre, tels que *le Fumeux,* paysages et grandes toiles qu'il distribue, en même temps que des garnitures de foyer en cuivre doré et un écran fait par un habile ouvrier de Paris, des armes, dont un sabre en acier trempé de Damas, coupant le fer et exhalant une forte odeur de musc, une épée, lame des meilleurs zolindres [1].

Et si l'on était tenté de nous reprocher de nous être étendu trop longuement sur ces éléments accessoires d'un sujet aussi sérieux

---

[1] Nous avouons notre impuissance à donner le sens de ce mot, écrit très-lisi- blement dans la minute du testament, mais qui ne se trouve dans aucun dic- tionnaire du vieux ou du moderne langage.

que celui d'une vie si grave et consacrée à des travaux et à des
pensées d'un ordre bien autrement élevé, on nous le pardonnera,
en considérant qu'ils ne sont que la justification d'un des aspects
du caractère de Guillaume Prousteau.

Nous voyons, en effet, ici le savant, le lettré répandu dans le
monde le plus distingué et même le plus élégant, après avoir assuré le sort de ses livres, assurer celui de ses objets d'art, dont
la quantité et la valeur révèlent l'homme de goût, de luxe et de
recherche, uni à l'homme des fortes et persévérantes études.

Ainsi donc ce testament est un monument qui, se réunissant
à tous les autres actes de la vie de celui qui l'a rédigé, nous la
montre dans toutes ses parties; et ne permet pas qu'une seule
reste dans l'ombre.

Et même, et nous abordons ce sujet avec quelque peine, il en
est une qu'il n'est pas permis de négliger, quoiqu'elle révèle les
infirmités de son caractère.

Dans ce testament lui-même, où son auteur a laissé des marques
si nombreuses de sa mansuétude, de sa charité, de sa modestie
et de sa piété, des témoignages attestant de vives, honorables et
nombreuses amitiés, il ne peut se défendre de poursuivre avec
acharnement la mémoire de sa sœur, qui semble, suivant l'expression dont il se sert, n'avoir eu d'autre tort que celui de contracter *un sot mariage,* et d'adresser les plus amers reproches à son
neveu, qu'il déshérite et qu'il laisse, d'après lui-même, avec la
plus modeste fortune, composée de biens frappés de substitution.
« Il n'a pas assez considéré, dit-il, de qui il était fils et par où il
« était son parent, et comment sa mère avait été assez lâche pour
« prendre à mari Jean Guyonnière contre tous les avis et remon-
« trances de ses oncles, qui pouvaient lui trouver quelque chose
« de meilleur, et nonobstant les menaces qu'ils lui faisaient de ne
« voir jamais reconnaître les malheureux fruits qui pourraient
« naître d'un tel mariage. »

Nous ne resterons pas plus longtemps dans cette voie de reproches et de récriminations ; nous ne l'y avons suivi que pour le
saisir dans toutes les manifestations venant de lui-même, et que
pour expliquer comment ce testament a été attaqué par l'héritier

du sang, et n'a pas même été soutenu par les légataires universels ou particuliers, ou par les exécuteurs testamentaires, comme ayant été fait *ab irato*.

Nous n'avons pas à discuter le mérite de cette jurisprudence, qui n'était qu'une interprétation exagérée de la condition de liberté d'esprit, sans laquelle un acte de cette nature ne peut être valable [1], et que la législation et la jurisprudence modernes n'ont point admise; il nous suffira de constater l'annulation du testament du vénérable jurisconsulte, remplacé par une transaction entre toutes les parties intéressées, réduisant les avantages des légataires à une somme de 24,000 livres, abandonnée par le neveu déshérité aux hospices d'Orléans et de Tours.

Le testateur avait terminé sa longue, utile et laborieuse carrière, frappé d'une apoplexie foudroyante, le 15 mars de l'année 1715, à l'âge de quatre-vingt-sept ans.

Lorsqu'on entreprend de rappeler et de conserver le souvenir d'un de ces esprits rares qui s'immolent au bien public, en poussant le sacrifice jusqu'à l'oubli d'eux-mêmes, jusqu'à disparaître, pour ainsi dire, matériellement pour n'apparaître qu'intellectuellement, et par les actes d'une volonté que toujours et constamment ont dirigée la charité et l'amour de la science, et en laissant comme trace ineffaçable de leur passage un immense bienfait, il faut produire ce souvenir en entier et sans en rien cacher.

Tel fut Guillaume Prousteau, tel nous le représentons.

Tel fut le précurseur de Pothier, lui léguant sa vie claustrale, studieuse, sa chasteté, son célibat, ses mœurs, sa fermeté allant jusqu'à l'inflexibilité, ses passions scientifiques et religieuses, et même ses faiblesses et ses préjugés ; on dirait, en fixant son attention sur ces deux hommes, que l'enfance de Pothier a été dirigée par la vieillesse de Prousteau.

On dirait que Prousteau n'est venu dans la noble institution de l'université d'Orléans que pour préparer, par l'exemple de sa vie

---

[1] Le testament devant être *mentis nostræ justa sententia,* ainsi que le dit Modestin, la logique conduisait à décider que cette définition ne concordait pas avec un testament dicté par un de ces accès de colère où l'homme ne se possède pas (Troplong).

entière, la gloire que Pothier devait y conquérir, et que Pothier
n'y a suivi Prousteau que pour compléter par ses ouvrages la mis-
sion de celui-ci.

Que Pothier restitue donc à Prousteau une partie de l'éclat répandu sur sa mémoire, et que certainement il lui a emprunté ;
que ces deux noms, également respectables, soient désormais également respectés ; que de séparés qu'ils étaient, par une négligence
allant jusqu'à l'injustice, l'un étant oublié, l'autre entouré d'une
vénération universelle et d'une grande renommée, ils soient désormais inséparablement unis.

IMPRIMERIE IMPÉRIALE. — 1865.

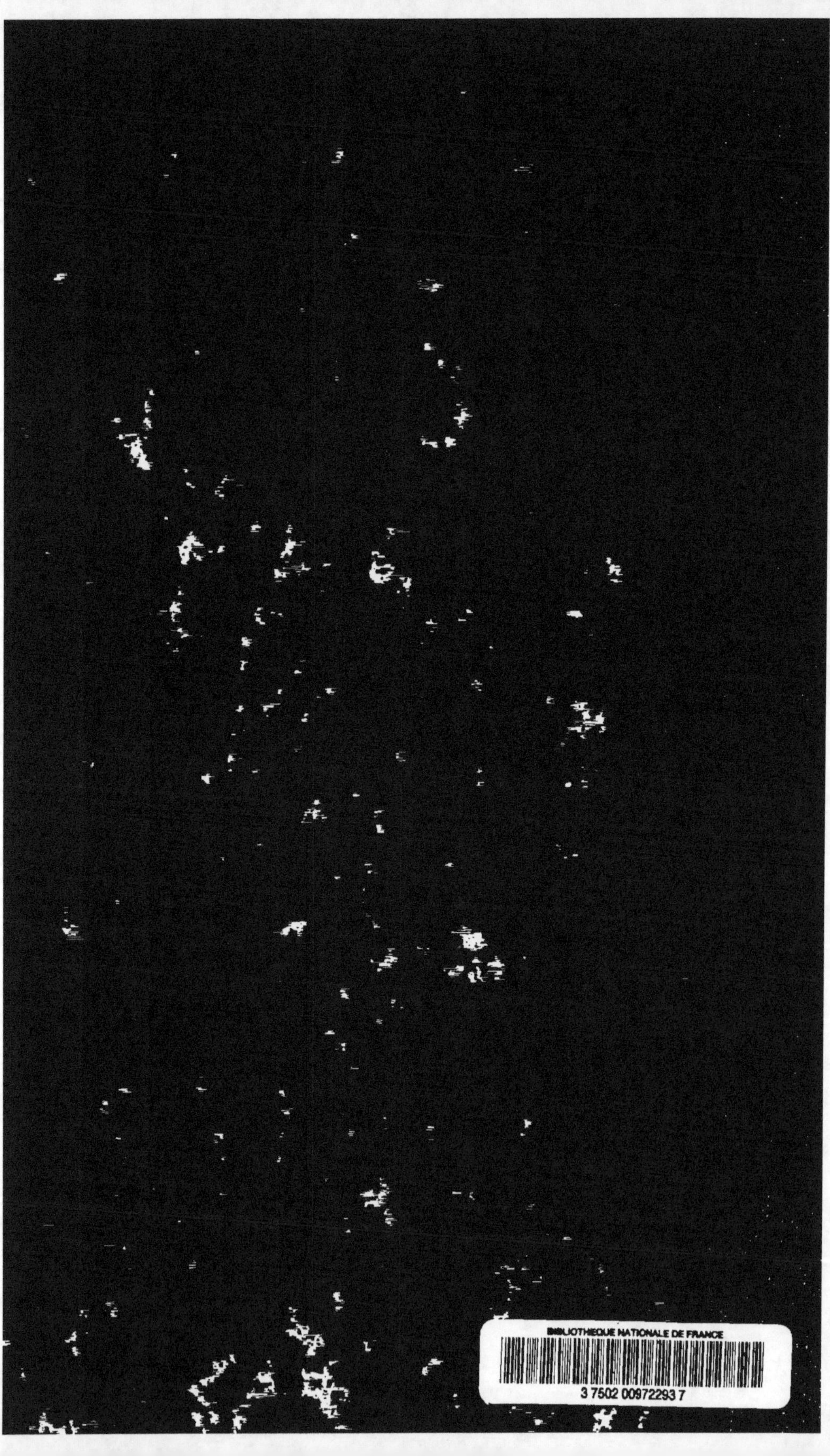

BIBLIOTHEQUE NATIONALE DE FRANCE
3 7502 00972293 7